LES ÉCRITS DE PLOTIN

LES ÉCRITS DE PLOTIN

publiés dans l'ordre chronologique
sous la direction
de Pierre Hadot,
professeur au Collège de France

TRAITÉ 25

PLOTIN

TRAITÉ 25

II, 5

Introduction, traduction, commentaire et notes par
JEAN-MARC NARBONNE

Ouvrage publié avec le concours
du CNRS

LES ÉDITIONS DU CERF
PARIS

1998

Traités déjà publiés dans cette collection :

38 (VI, 7) : 1988
50 (III, 5) : 1990
9 (VI, 9) : 1994

29, boulevard La-Tour-Maubourg
75340 Paris Cedex 07

ISBN 2-204-05941-2
ISSN en cours

À ma fille Cassia.

TRAITÉ 25 II, 5

TABLE DE CORRESPONDANCE

Ordre des Ennéades → Ordre chronologique

Enn.	Chron.	Enn.	Chron.	Enn.	Chron.	Enn.	Chron.	Enn.	Chron.	Enn.	Chron.
I 1	53	II 1	40	III 1	3	IV 1	21	V 1	10	VI 1	42
2	19	2	14	2	47	2	4	2	11	2	43
3	20	3	52	3	48	3	27	3	49	3	44
4	46	4	12	4	15	4	28	4	7	4	22
5	36	5	25	5	50	5	29	5	32	5	23
6	1	6	17	6	26	6	41	6	24	6	34
7	54	7	37	7	45	7	2	7	18	7	38
8	51	8	35	8	30	8	6	8	31	8	39
9	16	9	33	9	13	9	8	9	5	9	9

Ordre chronologique → Ordre des Ennéades

Chron.	Enn.	Chron.	Enn.	Chron.	Enn.	Chron.	Enn.	Chron.	Enn.	Chron.	Enn.
1	I 6	10	V 1	19	I 2	28	IV 4	37	II 7	46	I 4
2	IV 7	11	V 2	20	I 3	29	IV 5	38	VI 7	47	III 2
3	III 1	12	II 4	21	IV 1	30	III 8	39	VI 8	48	III 3
4	IV 2	13	III 9	22	VI 4	31	V 8	40	II 1	49	V 3
5	V 9	14	II 2	23	VI 5	32	V 5	41	IV 6	50	III 5
6	IV 8	15	III 4	24	V 6	33	II 9	42	VI 1	51	I 8
7	V 4	16	I 9	25	II 5	34	VI 6	43	VI 2	52	II 3
8	IV 9	17	II 6	26	III 6	35	II 8	44	VI 3	53	I 1
9	VI 9	18	V 7	27	IV 3	36	I 5	45	III 7	54	I 7

AVANT-PROPOS

L'ouvrage qu'on va lire propose une traduction du *Traité 25* (II, 5) de Plotin qui a pour titre *Sur ce qui est en puissance et ce qui est en acte*. Cette traduction, entièrement nouvelle, est accompagnée de notes et d'un commentaire apportant au lecteur des informations, d'ordre à la fois philologique et philosophique, sur la teneur du traité et sa signification dans la pensée de Plotin et dans la tradition grecque. L'Introduction qui précède le traité tente quant à elle de cerner la place de cet écrit dans l'œuvre de Plotin, et de décrire la structure particulière qui est la sienne de même que le cheminement de pensée qui en découle.

Nous avons, pour l'essentiel, repris dans ce travail le mode de présentation adopté par le directeur de la collection, Pierre Hadot. Celui-ci, dans l'Avant-propos aux différents traités qu'il a fait paraître (*Traité 38* [VI, 7], 1988; *Traité 50* [III, 5], 1990; *Traité 9* [VI, 9], 1994), explique les motifs qui ont présidé à ce choix. Le lecteur, au besoin, pourra s'y référer.

Nous remercions tous ceux qui, à une étape ou à une autre de la réalisation de ce livre, nous ont apporté leur concours. Notre gratitude va tout d'abord à Pierre Hadot, qui l'accueille aujourd'hui dans sa collection, pour les conseils et les encouragements qu'il nous a prodigués tout au long de son élaboration; à Luc Brisson et Alain Segonds, pour leur lecture attentive du texte et leurs précieuses suggestions; à Paul-Albert Plouffe et Vincent Carraud pour la correction des épreuves; à Kiriakos Katakos, pour la composition des *indices.*

Nous remercions enfin Philippe Hoffman, qui nous a ouvert les portes de l'École normale pour un séjour de recherches, et le Conseil de recherches en sciences humaines du Canada, pour la subvention qu'il a accordée à ce projet.

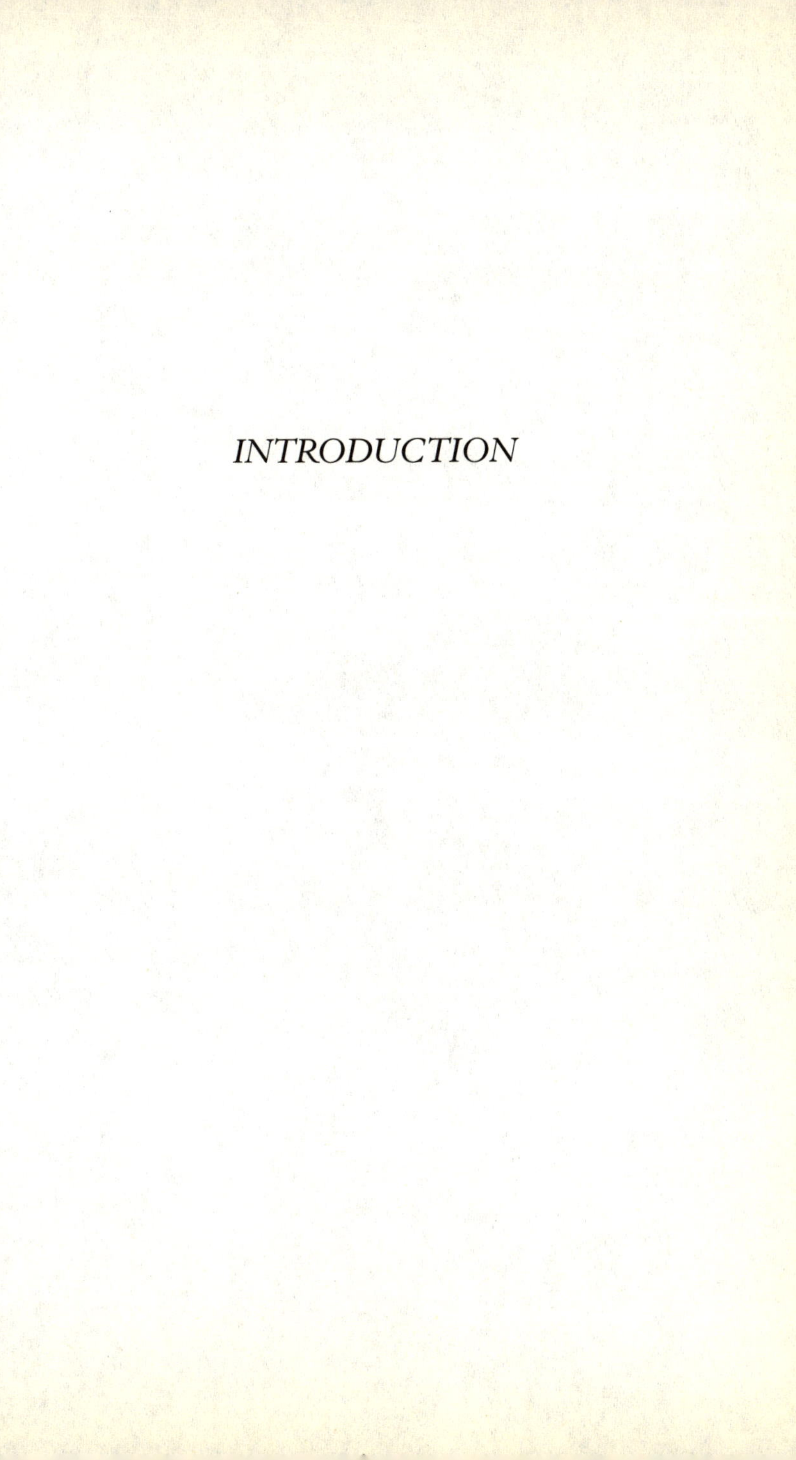

INTRODUCTION

1. Place dans l'ordre systématique des « Ennéades » et dans l'ordre chronologique des « Traités » de Plotin.

Notre traité *Sur ce qui est en puissance et ce qui est en acte* est le vingt-cinquième traité dans l'ordre chronologique des écrits de Plotin tel qu'il nous est révélé par Porphyre. En effet, dans sa *Vie de Plotin*, ouvrage dans lequel il trace un portrait de la vie de Plotin et de son école à Rome[1], Porphyre nous fait part de l'ordre de rédaction des traités du philosophe et de l'ordre systématique de présentation de ces écrits que lui, Porphyre, à la demande expresse du maître, a choisi de leur donner : « Maintenant, puisque lui-même nous a confié le soin d'assurer la mise en ordre et la correction de ses livres, et que je lui ai promis de son vivant de m'acquitter de cette tâche et en ai pris aussi l'engagement auprès des autres compagnons, d'abord j'ai jugé bon de ne pas laisser dans l'ordre chronologique ces livres qui avaient été produits pêle-mêle. J'ai imité Apollodore d'Athènes et Andronicus le Péripatéticien, dont l'un a rassemblé Épicharme le comique en dix tomes, et l'autre divisé en traités les écrits d'Aristote et de Théophraste en regroupant dans un même ensemble les sujets apparentés ; de la même façon moi aussi, qui avais en main les livres de Plotin au nombre de cinquante-quatre, je les ai divisés en six ennéades, heureux d'avoir rencontré la perfection du nombre

1. À ce sujet, voir le riche exposé de M.-O. GOULET-CAZÉ, « L'Arrière-plan scolaire de la vie de Plotin », dans : L. BRISSON, M.-O. GOULET-CAZÉ *et alii*, *Porphyre, Vie de Plotin* I, *Travaux préliminaires*, Paris, 1982, p. 231-327 (cité ci-après *Vie de Plotin* I).

six et les groupes de neuf, tandis que, prenant les livres propres à chaque ennéade, je les ai réunis, donnant en outre la première position aux questions plus faciles » (VP 24, 2-15[2]).

En lisant les *Ennéades*, nous lisons certes les écrits de Plotin eux-mêmes, mais selon un agencement et un mode de présentation qui sont dus à Porphyre et dont il est difficile de mesurer l'effet propre sur l'intelligence de l'œuvre plotinienne. Il n'est pas du tout certain que Plotin ait écrit cinquante-quatre traités comme tels, et l'on sait que Porphyre a introduit des divisions à l'intérieur de traités originalement plus amples, et que, par « enthousiasme pythagoricien », il en a remanié d'autres afin d'arriver « au nombre fatidique qu'il cherchait[3] ».

« Ce classement, comme le note H. D. Saffrey[4], est d'abord inspiré par la mystique des nombres, dans l'esprit de Pythagore. L'ensemble des cinquante-quatre traités est découpé en six ennéades, parce que 6 x 9 = 54, et réparti en trois tomes : le premier contient vingt-sept traités, et 3 x 9 = 27 ; le deuxième, dix-huit, et 2 x 9 = 18; le troisième, neuf traités. Tous ces chiffres ont des valeurs secrètes évidentes. »

C'est ainsi qu'on obtient, dans l'édition systématique de Porphyre, une division de la philosophie plotinienne selon une progression par ordre de difficulté en trois temps, *éthique*, *physique* et *théologie*, répartie en six ennéades, comme l'indique le tableau suivant :

Éthique	Tome I	*Ennéade* I	= Éthique	(VP 24, 16-37)
et		*Ennéade* II	= Physique	(VP 24, 37-58)
Physique		*Ennéade* III	= Cosmologie	(VP 24, 60-78 ; 25, 2-9)
	Tome II	*Ennéade* IV	= l'Âme	(VP 25, 10-32)
Théologie		*Ennéade* V	= l'Intellect	(VP 25, 32-55)
	Tome III	*Ennéade* VI	= l'Être et l'Un	

2. Traduction reprise de *Porphyre, Vie de Plotin* II, Études d'introduction, texte grec et traduction française, commentaire, notes complémentaires, bibliographie, par L. Brisson, J. L. Cherlonneix *et alii*, Paris, 1992, p. 177 (cité ci-après *Vie de Plotin* II). — L'abréviation VP renvoie à Porphyre, *Vita Plotini*.

3. Voir E. Bréhier, *Ennéades*, coll. « Budé », t. I, Introduction, p. XVII et XVIII respectivement.

4. « Pourquoi Porphyre a-t-il édité Plotin ? », *Vie de Plotin* II, p. 47.

Ce classement porphyrien n'a pas été sans induire des éléments de distorsion dans l'appréciation de l'œuvre. Au départ, comme l'a souligné Pierre Hadot[5], cette classification elle-même n'est pas plotinienne, et l'ordre institué entre les trois dernières *Ennéades* selon ce qui est donné par Porphyre comme les trois hypostases plotiniennes, l'Âme, l'Intellect et l'Un, ne correspond pas à l'usage plotinien de ce terme[6].

Porphyre établit en outre une hiérarchie entre les divers écrits du maître en prenant comme point de référence son propre séjour auprès de lui, qui débuta en 263 de notre ère et dura au total six ans : les vingt-et-un traités achevés avant son arrivée se voient reconnaître une puissance moins affirmée ; les vingt-quatre traités rédigés alors qu'il séjournait dans l'école manifestent la pleine maturité de cette puissance ; et les neuf traités restants, composés après le départ de Porphyre pour la Sicile, témoigneraient pour leur part d'une puissance déclinante (VP 6, 26-37).

C'est à la deuxième période dite de pleine maturité — quoi qu'il en soit de la valeur, contestable en soi, de cette gradation proposée par Porphyre — qu'appartient notre traité 25 pour lequel, dépourvu de titre fixe comme c'était aussi le cas pour les autres traités (VP 4, 16-18), Porphyre retint l'appellation conservée depuis lors de *Sur ce qui est en puissance et ce qui est en acte*. Il trouve sa place dans l'ordre systématique immédiatement après le traité 12 (II, 4), *Sur les deux matières*, et juste avant le traité 17 (II, 6), *Sur la qualité et la forme*, deux traités relevant de la première période d'écriture de Plotin et abordant des thèmes connexes. Mais il est plus près par le contenu et l'expression du traité 26 qui le suit chronologiquement et que Porphyre a rangé en sixième place dans la troisième

5. « La Métaphysique de Porphyre », *Porphyre*, coll. « Entretiens sur l'Antiquité classique », XII, Vandœuvres-Genève, 1966, p. 128 : « Cette classification (celle des *Ennéades* en éthique, physique, époptique *[théologie]*) est différente de celle de Plotin lui-même qui, dans son traité *Sur la dialectique*, considère la dialectique comme la partie suprême de la philosophie, sans préciser clairement l'ordre qu'il établit entre éthique et physique. »

6. Voir p. 61, n. 108.

Ennéade sous le titre *Sur l'impassibilité des incorporels*, écrit qui, dans sa seconde partie (les chapitres 6 à 19), est étroitement lié aux chapitres 4 et 5 de notre traité[7].

Les points de contact entre le traité 25 (moins de trois pages (!) dans l'édition Henry-Schwyzer pour les chapitres 4 et 5) et le traité 26 (vingt-trois pages dans la même édition pour les chapitres 6 à 19) sont en effet nombreux, comme on peut le constater dans le tableau qui suit :

Points de doctrine communs	*Ennéade* 25 (II, 5), 4-5	*Ennéade* 26 (III, 6), 6-19
1° la fuite, le rejet, l'échappée, etc., de la matière	4, 15 ; 5, 11 s. ; 28	7, 10 s. ; 13, 22 s.
2° la matière comme annonce trompeuse	5, 4 s.	7, 21 s.
3° le non-être de la matière non assimilable au mouvement	5, 9-10	7, 11-12
4° la matière reste ce qu'elle était « dès le principe »	5, 13.14	10, 11-12 ; 11, 18
5° le non-être véritable et absolu de la matière	5, 24	7, 12-13
6° l'indestructibilité de la matière qui en découle	5, 34	8, 11-12 ; 10, 11

Proche du traité 25, le traité 26 ne se démarque pas moins du précédent par une innovation de taille, l'affirmation de l'« impassibilité » pure et simple de la matière du monde sen-

---

7. En dépit de la forte césure repérable entre la première et la seconde partie du traité 26 (III, 6), on peut légitimement penser que celui-ci forme un tout homogène, ainsi que l'atteste la présence des renvois internes de la seconde partie à la première (voir B. FLEET, *Plotinus. Ennead III. 6. Translation and Commentary*, Oxford, 1995, Introduction, p. XIX). La chose vaut également, comme on le verra plus loin, pour notre traité dont l'*incipit* est dans le style courant des débuts de traités chez Plotin, et dont la fin annonce manifestement la conclusion définitive du point examiné.

sible, doctrine qui est certes en accord avec l'exposé de notre traité comme aussi celui du traité 12, mais que le traité 26 est le seul des *Ennéades* à soutenir et apparemment le premier dans la littérature platonicienne[8]. Beaucoup plus complet sur la nature de la matière sensible que le traité 25, le traité 26 reprend en outre le thème, abordé en II, 4 [12], de l'absence de grandeur de la matière sur lequel notre traité reste pour sa part silencieux.

Inversement, c'est seulement dans notre traité qu'est élaborée cette distinction entre l'« en puissance » et l'« en acte » d'une part, la « puissance » et l'« acte » d'autre part. Et il en est de cette question comme de l'impassibilité de la matière évoquée à l'instant : discutée en une seule occasion et ne réapparaissant donc plus jamais ailleurs comme telle, elle est pourtant en parfait accord avec l'enseignement général de Plotin et implicitement présente dans la considération d'autres objets, comme par exemple l'affirmation de l'autocausalité de l'Un en 39 (VI, 8), qui suppose l'existence au sein même de ce qui est *en acte* d'une *puissance active* qui se conduit elle-même à l'*acte*, dont notre traité a justement pour tâche d'expliciter le modèle[9].

Dans sa *Vie de Plotin*, Porphyre signale que les sujets retenus par Plotin dépendaient des circonstances de son enseignement et des questions qu'il suscitait (VP 3, 35-37). Les sujets, souligne-t-il, « étaient empruntés aux problèmes du moment » (VP 5, 60-61), et Plotin, précise-t-il encore, écrivait « sur les sujets qui s'offraient » (VP 4, 10-11). C'est visiblement à l'un de ces écrits de circonstance, de caractère au surplus « scolaire », que nous avons affaire dans le cas présent. Au hasard d'un enseignement ou d'une discussion, ou encore à la suite de la lecture de quelques pages d'Aristote touchant les

8. Voir J.-M. Narbonne, « L'Impassibilité de la matière dans l'*Ennéade* III, 6 [26] : doctrine stoïcienne ou innovation plotinienne ? », *Cahiers des études anciennes*, t. XXIX, 1995, p. 69-74.

9. Sur les rapports entre le concept de puissance élaboré dans le traité 25 et l'autocausalité de l'Un défendue en 39 (VI, 8), voir J.-M. Narbonne, *La Métaphysique de Plotin*, Paris, Vrin, 1994, p. 26-38 et 61 s.

notions d'être « en puissance » et d'être « en acte », ou d'un résumé de quelque péripatéticien les concernant (VP 14, 10 s.), l'on aurait demandé à Plotin d'exposer son point de vue sur ces notions centrales et d'indiquer la place qu'il leur réserve dans son propre système. C'est du reste ce qui expliquerait qu'il n'y soit pas revenu dans ses autres écrits, le besoin ne s'en étant plus fait ressentir.

2. La composition littéraire. Schéma et cheminement.

De nature avant tout « scolaire », on l'a signalé, le traité 25 de Plotin semble à la première lecture peu systématique. Nombreuses sont en effet les contradictions apparentes et surtout les redites (on pourra le constater ci-après), et le développement de l'argumentation, présentant en alternance des moments dialectiques, où l'on procède « par demandes et réponses », et des moments rhétoriques, où l'on use d'un « discours continu[10] », paraît tout d'abord ne répondre à aucun plan préétabli. C'est que, préoccupé avant tout d'arriver à la conclusion qu'il entrevoit, Plotin, comme à son habitude, fournit peu d'indications sur la manière dont il faut entendre ce qu'il énonce *au moment où il l'énonce*. Laissé à ses propres ressources, le lecteur doit ainsi faire pour lui-même la part de ce que l'auteur *endosse* et de ce qu'il *expose*, distinguer ce qui constitue l'essentiel de l'argument par opposition à l'accessoire et établir des différences de niveau dans un texte autrement quasi uniforme[11]. Comme le résume Porphyre, Plotin, quand il écrivait, « était bref, profond, concis, plus riche d'idées que de formules » (VP 14, 1-2), ce que rappelle aussi Eunape en expliquant : « Plotin, en raison de la qualité céleste de son âme, en raison aussi du caractère ambigu et énigmatique de ses

10. Sur cette opposition fréquente chez PLOTIN, voir *Traité 38*, Paris, éd. P. Hadot, 1988, p. 16 s.

11. En comptant bien sûr la notable exception du début du chapitre 3 où on lit : « Mais la raison pour laquelle nous avons tenu ces propos préliminaires, il faut la dire maintenant... »

discours, passait pour austère et difficile à comprendre. Mais Porphyre, comme une chaîne d'Hermès qui s'incline vers les hommes, divulguait tout, grâce à la grande variété de sa culture, en visant la clarté et la limpidité[12] ».

Or la succession apparemment désordonnée des thèmes du traité est en réalité trompeuse. L'écrit obéit en fait à un schéma qui, une fois dégagé, laisse apprécier la cohérence profonde de l'exposé de Plotin[13]. En bref, l'on peut dire que Plotin dans ce traité applique successivement au monde intelligible (chap. 3), puis sensible (chap. 4 et 5), les résultats d'une critique brève mais radicale (chap. 2) des concepts aristotéliciens d'être *en puissance* et d'être *en acte* préalablement exposés de manière essentiellement doxographique (chap. 1). En d'autres termes et selon le motif bien connu de la thèse, de l'antithèse et de la synthèse, ce que Plotin *pose* dans le premier chapitre, il le *nie* d'un point de vue essentiellement théorique ou conceptuel dans le deuxième chapitre, et en *tire* les conséquences pratiques et concrètes pour son propre système dans les trois derniers chapitres. D'où le tableau suivant, tentant de faire voir la logique selon laquelle s'articulent les unes avec les autres les différentes parties du traité :

SCHÉMA DU TRAITÉ 25

PARTIES	SECTIONS	CHAPITRES
1° Réflexion	1° doxographique	1° Les notions d'être *en puissance* et d'être *en acte* : exposé introductif

12. *Vitae philosophorum et sophistarum*, éd. Giangrande, p. 8, 13-17.

13. L'on sait par Porphyre (V P 8, 8-15) que Plotin mûrissait longtemps sa pensée avant de la confier à l'écrit : « quand il avait, à part soi, du début jusqu'à la fin, parachevé l'examen de son sujet, et qu'ensuite il confiait à l'écriture le résultat de cet examen, il écrivait avec une telle continuité ce qu'il avait confié dans son âme qu'il semblait copier d'après un livre ce qu'il écrivait ; de fait, alors même qu'il s'entretenait avec quelqu'un et continuait la conversation, il demeurait tout au sujet de son examen, de sorte que, simultanément, il satisfaisait aux exigences de la conversation et, sur ce qu'il s'était proposé d'examiner, il conservait ininterrompu le cours de sa pensée » (trad. *Vie de Plotin* II, p. 149).

	2° critique	2° Les notions d'être *en puissance* et d'être *en acte* : exposé critique
2° Application	3° intelligible	3° Les notions d'être *en puissance* et d'être *en acte* dans le monde intelligible : sens et fonction
	4° sensible	4° Les notions d'être *en puissance* et d'être *en acte* appliquées, dans le monde sensible, au cas de la matière
		5° Les notions d'être *en puissance* et d'être *en acte* appliquées, dans le monde sensible, au cas de la matière (reprise et approfondissement)

Le caractère essentiellement *doxographique* du premier chapitre n'apparaît pas à première vue. D'abord, parce que rien ne laisse croire que les thèses qui y sont succinctement exposées n'emportent pas l'assentiment entier de l'auteur. Ensuite, parce qu'on y rencontre non pas deux ou même plusieurs, mais bien une seule grande doctrine générale, celle reflétée par la tradition aristotélicienne dont Plotin se fait un instant le porte-parole. L'on est ainsi amené, à défaut de termes de comparaison, à penser que Plotin souscrit pour une part au moins aux thèses qu'il présente, et l'on est décontenancé de voir que ses analyses aboutissent plus loin à des résultats parfois éloignés, parfois franchement opposés à ceux du début. Or Plotin ne se contredit pas, plus loin dans le traité, en affirmant par exemple que la matière n'est pas *en puissance* quelque chose, et qu'elle n'existe *en acte* d'aucun point de vue, puisqu'il n'a tout simplement jamais cru à l'idée, naturelle en contexte péripatéticien et avancée initialement sans réserve, selon laquelle il n'est pas possible d'être « *en puissance* de rien » (1, 11-12), et au lieu commun selon lequel ce qui est en puissance d'un point de vue est « déjà *en acte* quelque autre chose » (1, 17), comme il ne prête pas davantage foi à la distinction, donnée par lui au départ comme tombant sous le sens, entre les changements substantiel et qualitatif (voir 1, 18-21).

Ce qui est énoncé de manière faussement neutre dans le premier chapitre, Plotin le met donc à l'épreuve ou en doute dans le second chapitre. Mais mettre à l'épreuve ou en doute, réfuter même, ne suffit pas à Plotin : il lui faut pouvoir indiquer ce qui résulte concrètement de cette critique pour sa conception du monde. C'est l'affaire des trois derniers chapitres, les chapitres 4 et 5 formant en réalité un ensemble homogène artificiellement divisé en deux parties.

Si les chapitres 2, 3, 4 et 5 ont pour fonction, chacun dans son ordre, de miner la crédibilité du premier, il est naturel qu'ils reprennent à tour de rôle les différents thèmes évoqués dans le chapitre introductif. D'où ces nombreux doublons auxquels nous faisions allusion, dont il peut être utile ici de dresser la liste :

1. L'une des questions initiales soulevées par Plotin consiste à savoir si c'est la même chose d'être *en acte* et d'être *acte* (1, 3-4) ; c'est exactement le même questionnement qui est repris au chapitre 3 consacré à la puissance et à l'actualité intelligible (3, 2-3), et qui trouve sa réponse définitive à la fin du chapitre (3, 34 s.).

2. Il faut examiner, énonce Plotin en 1, 7, si ce qui est *en puissance* existe aussi au niveau intelligible ; retour du même thème en 3, 3-4, et réponse par la négative en 3, 7-8.

3. Le motif invoqué et généralement admis pour l'absence de potentialité dans le monde intelligible est l'absence de temps de ce niveau de l'être (1, 9-10) ; c'est ce qui est reconsidéré et confirmé en 3, 8.

4. L'opinion commune tient pour acquis qu'« il n'est pas possible d'être en puissance de rien » (1, 11-12) ; Plotin examine le bien-fondé de cette supposition en 2, 3-4, la rejette d'un point de vue général en 2, 8-9, en démontre l'inapplicabilité au cas de la matière en 4, 4-5, et explique en quoi consiste l'être *en puissance* de la matière qui n'est en puissance de rien en 5, 3 s.

5. L'opinion reçue veut que ce qui est *en puissance* d'un côté soit *en acte* de l'autre (1, 17-18) ; la question est soulevée à nouveau au sujet de la matière en 2, 1-2 où elle donne lieu à une analyse générale du problème du passage de la puissance à l'acte, puis décortiquée aux chapitres 4 et 5 dont elle inaugure et commande le développement (4, 1-3), étant entendu — les deux arguments sont entremêlés tout au long de ces deux chapitres — que la matière qui est *en puissance*, d'une part n'*est* d'aucun point de vue *en acte*, et d'autre part ne *devient* pas *en acte*.

6. La vulgate aristotélicienne veut que ce qui est en puissance, ou bien demeure avec cela qu'il produit (changement qualitatif), ou bien périsse et se donne à cela qu'il produit (changement substantiel), avec exemple à l'appui (1, 18-21) ; l'examen en est procédé au chapitre 2 à partir de la ligne 3, et l'exemple repris à la ligne 5 pour montrer que le changement qualitatif (l'airain qui devient statue) se ramène en définitive au changement substantiel, c'est-à-dire à l'autre exemple considéré (2, 14-15). Puisque Plotin n'adhère pas au principe de la distinction de ces deux types de changement, il peut s'y référer à nouveau sans heurt au chapitre 3 (6-7), comme à une distinction qui appartient communément au langage du passage de la puissance à l'acte, justement inapplicable aux êtres intelligibles.

7. Rappel de la difficile question des rapports entre la *puissance* et ce qui est simplement *en puissance*, c'est-à-dire l'opposition entre puissance active et puissance passive, et de leur corrélation respective avec l'*acte* et l'*en acte* (1, 21-29) ; ce thème, discuté au chapitre 2 en liaison avec la puissance qui est celle de l'âme qui connaît (2, 15 s.), aboutit à la conclusion, encore une fois avec exemple à l'appui (2, 34-35), que ce qui est *en puissance* obtient son acte d'un tiers, alors que pour la *puissance*, l'acte est ce dont elle est capable par elle-même (2, 33-34) ; cette distinction est enfin reprise presque textuellement et est appliquée, appuyée par l'exemple de l'âme à nouveau sollicité (3, 14 s.), au problème du rapport de l'Intelligence à ses contenus au niveau intelligible (3, 28-31).

Les répétitions que nous venons de parcourir ont ceci en commun que toutes prennent leur source dans l'exposé doxographique du chapitre 1, selon un schème soit binaire (*doxographie versus application* à l'intelligible) : c'est le cas des trois premières répétitions énumérées ; soit ternaire (*doxographie versus critique et application*, soit au sensible, soit à l'intelligible) : c'est le cas des répétitions 4, 5 et 7 énumérées, la répétition 6 présentant un schème ternaire en réalité déviant, puisqu'elle consiste en deux présentations doxographiques entre lesquelles est intercalée la critique.

Les autres redites repérables dans le traité n'ont par conséquent ni la même structure, ni le même sens. C'est le cas :

8. De la faculté cognitive de l'âme, invoquée au chapitre 2 pour démontrer la possibilité d'une puissance en quelque sorte *« autoactualisante »*, et qui est à nouveau mise à contribution au chapitre 3, mais cette fois *in concreto*, pour rendre compte du rapport de la matière à la forme et de l'Intelligence à ses contenus au sein du monde intelligible ;

9. De l'argument selon lequel la matière sensible a fui la nature des êtres véritables, introduit sans plus d'explications ou de détails en 4, 15, et qui est repris et plus longuement explicité en 5, 11 s., où il donne lieu à un excursus cosmogonique, puis réaffirmé encore plus loin en 5, 28 ;

10. De l'argument voulant que la matière sensible n'appartienne à aucune des deux classes d'être, sensible et intelligible, et soit donc non-être dans les deux sens, développé une première fois en 4, 11 ss., et repris en 5, 19 s.

Les observations qui précèdent apportent une précieuse lumière sur la manière dont est rédigé le traité de Plotin. L'on s'aperçoit en effet que ce dernier suit un plan extrêmement précis et même médité. Rien n'y est laissé au hasard. Les ambiguïtés s'effacent, comme aussi les incongruités apparentes de l'argumentation, dès lors que la structure sous-jacente à l'exposé est découverte et restituée. Nous voudrions en apporter un exemple supplémentaire.

Aux chapitres 4 (ligne 15 s.) puis 5 (ligne 9 s.) de notre traité, Plotin rompt apparemment la continuité de son analyse de l'existence *en puissance* de la matière sensible par une sorte d'excursus consacré à la genèse de la matière sensible, que l'on peut appeler un *épisode cosmogonique.* Pourquoi parler de l'origine de la matière ou de son mode d'émergence, quand la question débattue est celle de savoir quel type de puissance lui revient dans l'ordre des êtres ? L'intention de Plotin dans ce contexte est pourtant claire, même si elle n'est nulle part annoncée. C'est que la nature spécifique de la potentialité matérielle trouve selon lui sa source et sa raison d'être dans la genèse radicalement singulière qui est la sienne dans l'ordre des réalités. La matière, en d'autres termes, *est l'être en puissance qu'elle est parce qu'elle a l'origine qu'elle a.* Du coup, l'épisode cosmogonique inséré dans le morceau perd tout caractère adventice et ne constitue plus, comme il pouvait le donner à penser au premier regard, une parenthèse dans le développement qui l'enserre. Et inversement, dès lors qu'est mieux saisi le rôle que vient jouer cet épisode cosmogonique dans le morceau, en appui à l'analyse du statut ontologique de la matière, c'est l'importance même de cet aperçu génétique — presque une révélation dans les *Ennéades* — qui peut être reconnue pour ce qu'elle est et appréciée à sa juste mesure.

Plusieurs traités ou parties de traités de Plotin restent aujourd'hui encore relativement obscurs ; le dessein exact n'en transparaît pas toujours, et nous ne détenons pas toutes les clés nécessaires pour les comprendre. Un bon exemple en serait sans doute le traité *Sur les genres de l'être* (le plus long des *Ennéades*), que Porphyre divisa en trois traités et que nous connaissons comme les traités 1, 2 et 3 de l'*Ennéade* VI (n°s 42, 43 et 44 dans l'ordre chronologique transmis par Porphyre), et dans lesquels il est extrêmement difficile de savoir quelle est la part de légitimité que Plotin est prêt à reconnaître aux catégories aristotéliciennes, vivement critiquées en 42 (VI, 1), mais apparemment mieux appréciées, voire données comme ultimement conciliables avec la vision platonicienne du monde sensible en 44 (VI, 3), et sur lesquels les commentateurs ont tenu les positions les plus extrêmes[14].

Tous les traités de Plotin obéissaient-ils originalement à un plan préétabli comme le suggère la lecture du traité 25 ? Il est tentant de le croire, et ce que Porphyre nous révèle de la manière d'écrire à la fois méditative et automatique de Plotin[15] est bien fait pour nous conforter dans cette idée. Reste évidemment à savoir, compte tenu du travail de réaménagement des écrits auquel l'éditeur s'est livré, si l'on peut retracer pour tous les traités de Plotin, ou seulement pour un certain nombre d'entre eux, un plan d'exposition aussi minutieux que celui que nous croyons découvrir dans le traité 25.

---

14. Voir à ce sujet p. 90, n. 15. Notons d'autre part que selon H. D. SAFFREY (« Pourquoi Porphyre a-t-il édité Plotin ? », *Vie de Plotin* II, p. 31-57), c'est cette critique des catégories aristotéliciennes développée par Plotin qui serait à l'origine du départ de Porphyre de l'école : « Après l'exposé par Plotin de sa doctrine *Sur les genres de l'être* et la composition du traité qui porte ce titre, dont le caractère antiaristotélicien est évident, plusieurs disciples de l'école, Porphyre le premier, se sont sentis en désaccord avec leur maître. Pour Porphyre, le choc fut si profond que, sur le conseil de son maître, il décida de partir pour la Sicile. En fait, c'était une sorte de rupture » (p. 53).

15. Voir p. 23, n. 13.

TRADUCTION

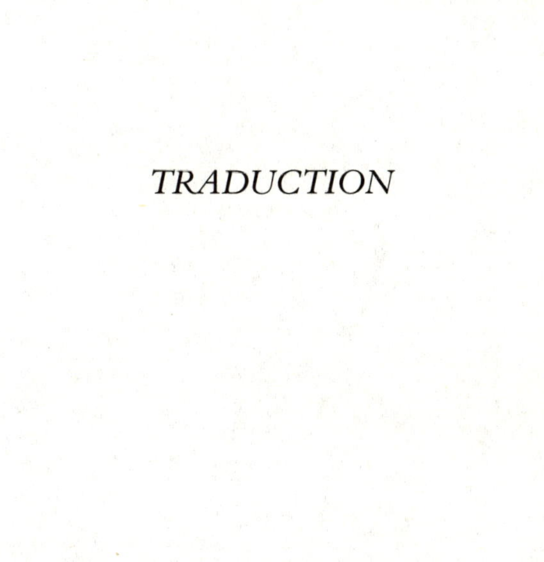

ABRÉVIATIONS ET SIGLES UTILISÉS DANS LES NOTES CRITIQUES DE LA TRADUCTION

Pour les textes d'auteurs anciens, voir la Bibliographie, p. 143.

1. MANUSCRITS

Famille *b*

Laurentianus 85, 15

Famille *w*

A Laurentianus 87, 3
E Parisinus Graecus 1976

Famille *x*

R Vaticanus Reginensis Graecus 97
J Parisinus Graecus 2082

Famille *y*

U Vaticanus Urbinas Graecus 62
S Berolinensis Graecus 375
C Monacensis Graecus 449

Famille *z*

Q Marcianus Graecus 242

2. ÉDITIONS, TRADUCTIONS, ÉTUDES CRITIQUES DU TRAITÉ 25 (II, 5)

Armstrong	A. H. ARMSTRONG, *Plotinus*, II, *Enneads* II, 1-9, Londres-Cambridge (Mass.), Loeb Classical Library, 1966, trad. angl., 6 vol.
Bréhier	É. BRÉHIER, *Plotin, Ennéades*, Paris, Les Belles Lettres, t. II, 1924, texte grec et trad. fr.
Cilento	V. CILENTO, *Plotino, Enneadi*, Bari, Laterza, 1947, trad. italienne et commentaire.
Creuzer	F. CREUZER, *Plotini Enneades*, cum Marsilii Ficini interpretatione castigata, Paris, Didot, 1855.
Ficin	M. FICINUS, *Plotini Opera*, Latina Interpretatio, Florence, 1492 (voir aussi Creuzer).
Harder	R. HARDER, R. BEUTLER, W. THEILER, *Plotins Schriften*, Neubearbeitung, t. II, Hambourg, Meiner, 1962.
H.-S.[1]	P. HENRY, H.-R. SCHWYZER, *Plotini Opera* (editio maior), Paris-Bruxelles, Museum Lessianum, Series Philosophica XXXV, t. I, 1951.
H.-S.[2]	P. HENRY, H.-R. SCHWYZER, *Plotini Opera* (editio minor), Oxford, Clarendon Press, t. I, 1964.
H.-S.	H.-S.[1] et H.-S.[2].
H.-S.[3]	P. HENRY, H.-R. SCHWYZER, *Addenda et corrigenda ad textum et apparatum lectionum*, dans H.-S.[1], t. III, 1973.
H.-S.[4]	P. HENRY, H.-R. SCHWYZER, *Addenda et corrigenda ad textum et apparatum lectionum*, dans H.-S.[2], t. III, 1982.
H.-S.[5]	H.-R. SCHWYZER, *Corrigenda ad Plotini textum, Museum Helveticum*, 44, 1987, p. 181-210.
Igal[1]	J. IGAL, *Porfirio, Vida de Plotino. Plotino, Enéadas I-II,* introduction, traduction et notes, Madrid, Gredos, 1982.
Igal[2]	J. IGAL, « Observaciones al texto de Plotino », *Emerita*, t. XLI, 1973, p. 75-98.
Kirchhoff	A. KIRCHHOFF, *Plotini Opera*, Leipzig, Teubner, 1856.
Theiler	Voir Harder.

3. VOCABULAIRES

Bonitz	H. BONITZ, *Index Aristotelicus*, Berlin, 1870 ; 2e éd., Graz, 1955.
Sleeman-Pollet	J. H. SLEEMAN, G. POLLET, *Lexicon Plotinianum*, Leyde, Brill; Louvain, University Press, 1980.

4. PROBLÈMES GRAMMATICAUX

Denniston	J. D. DENNISTON, *The Greek Particles*, Oxford, 1954.
Humbert	J. HUMBERT, *Syntaxe grecque*, Paris, 1960, 3e éd.
Schwyzer	H.-R. SCHWYZER, art. « Plotinos », *Paulys Realencyclopädie*, t. XXI, 1951, col. 471-592.

5. NOTE SUR LA TRADUCTION

La traduction se fonde sur le texte grec établi par H.-S.[2]. Mais le lecteur pourra utiliser aussi H.-S.[1]. En effet, quand la traduction suppose un texte différent aussi bien de H.-S.[2] que de H.-S.[1], nous l'avons signalé dans la liste des Modifications au texte grec de H.-S.[1] et de H.-S.[2] (p. 38) et dans les notes de la Traduction.

Les *tirets* correspondent à ce qui, pour le sens, représente une incise à l'intérieur de la phrase. Placés en début de phrase, ils soulignent les articulations (demandes et réponses) d'une argumentation dialectique.

Les *italiques* marquent le caractère technique de certains termes et expressions tels « puissance », « acte », « en puissance », « en acte », « actualité », « réalité substantielle », « être-tel ».

PLAN DU TRAITÉ

PREMIÈRE PARTIE. RÉFLEXION SUR LA NATURE DE L'ÊTRE EN PUISSANCE ET DE L'ÊTRE EN ACTE (1, 1 - 2, 36).

Première section. Exposé doxographique (1, 1-34).

1. De la division générale des êtres selon qu'ils sont « en puissance », « en acte », ou « acte »... (1, 1-6).
2. Que ce qui est « en puissance » ne se trouve pas dans le monde intelligible (1, 6-10).
3. Ce qui est « en puissance » est entendu de... (1, 10-29).
   a) ce qui est passivement puissant... (1, 10-21).
   b) ... et non pas de ce qui est activement puissant (1, 21-29).
4. Conclusion préliminaire sur la notion d'être « en puissance » (1, 29-34).

Deuxième section. Exposé critique (2, 1-36).

1. Mise à l'épreuve de la notion d'être « en puissance » dans le monde sensible (2, 1-15).
2. Le contre-exemple de la puissance noétique (2, 15-26).
3. Comment on peut parler d'un acte dans le cas du composé sensible... (2, 26-31).
4. ... et du véritable sens de l'actualité (2, 31-36).

DEUXIÈME PARTIE. APPLICATION (3, 1 - 5, 36).

Première section. L'Intelligible (3, 1-40).

1. Thème général : les notions d'« en puissance », d'« en acte » et d'« acte » appliquées à l'Intelligible — retour à la doxographie initiale de 1, 1-7 (3, 1-4).

2. L'état d'« en puissance » n'existe pas dans le domaine de l'Intelligible — retour à la doxographie initiale de 1, 7-21 (3, 4-8).
3. Application au cas litigieux de la matière intelligible (3, 8-22).
4. Du véritable sens de l'actualité intelligible (3, 22-40).

Deuxième section. Le Sensible (4, 1 - 5, 36).
A. L'état d'« en puissance » radical de la matière sensible : établissement de la thèse (4, 1-18).
1. Reprise de l'exposé doxographique (1, 10-21) selon lequel ce qui est « en puissance » sous un rapport est « en acte » sous un autre (4, 1-3).
2. Démenti apporté par le cas de la matière sensible, laquelle n'est jamais « en acte » (4, 3-8).
3. Ne jamais être « en acte » n'implique pas que l'on n'existe pas (4, 8-14).
4. Aperçu de la genèse de la matière (4, 14-18).
B. L'état d'« en puissance » radical de la matière sensible : reprise et approfondissement de la thèse (5, 1-36).
1. L'état d'« en puissance » de la matière sensible confine celle-ci au rôle de pure annonce (5, 1-8).
2. L'état d'« en puissance » de la matière s'explique par la genèse qui est la sienne dans l'ordre des êtres (5, 9-22).
3. Conclusion : l'être de la matière consiste exclusivement en l'« en puissance » (5, 22-36).

MODIFICATIONS AU TEXTE GREC DE H.-S.[2] OU H.-S.[1]

[ ] : interpolation à supprimer
⟨ ⟩ : addition ou correction

H.-S. ou H.-S.[1] ou H.-S.[2]	Notre texte
[1] 1, 4 ἐστιν ἐνέργεια, τοῦτο καὶ ἐνεργείᾳ H.-S.	ἐστιν ἐνεργείᾳ, τοῦτο καὶ ἐνέργεια H.-S.[3]
[2] 1, 9-10 τῷ οὐ χρόνῳ ἐξείργεσθαι H.-S.[1] † οὐ τῷ χρόνῳ ἐξείργεσθαι H.-S.[2]	[οὐ] τῷ χρόνῳ ἐξείργεσθαι Kirchhoff
[3] 1, 27-28 δύναμις δυνάμει H.-S.	δύναμις < τὸ > δυνάμει Kirchhoff
[4] 2, 22 τὸ δυνάμει H.-S.	[τὸ] δυνάμει Creuzer, Theiler
[5] 3, 5 μηδ' ἔτι H.-S.	μηδέ τι y H.-S.[5]
[6] 3, 13 ἐροῦσιν H.-S.	ἐροῦμεν y Harder
[7] 3, 13-14 ἢ καὶ τὸ ὡς ὕλη ἐκεῖ εἶδός ἐστιν, ἐπεὶ καὶ ἡ ψυχὴ εἶδος ὂν πρὸς ἕτερον ἂν εἴη ὕλη H.-S.	ἢ καὶ τὸ ὡς ὕλη ἐκεῖ εἶδός ἐστιν — ἐπεὶ καὶ ἡ ψυχὴ εἶδος ὂν πρὸς ἕτερον ἂν εἴη ὕλη — interpunxi
[8] 3, 15 εἶδος γὰρ ἦν αὐτῆς καὶ οὐκ εἰς... H.-S.	εἶδος γὰρ ἦν αὐτῆς. Καὶ οὐκ εἰς... interpunxi
[9] 4, 13 ὂν ἀριθμηθείη H.-S.[1]	ἂν ἀριθμηθείη H.-S.[2]
[10] 5, 30-31 τοῖς δυνάμει H.-S.	τοῖς <ἐν> δυνάμει conieci

I

RÉFLEXION SUR LA NATURE DE L'ÊTRE EN PUISSANCE ET DE L'ÊTRE EN ACTE

1. EXPOSÉ DOXOGRAPHIQUE (CHAPITRE 1).

De la division générale des êtres selon qu'ils sont en puissance, en acte, *ou* acte...

On parle d'un côté du fait d'être *en puissance*, de l'autre, du fait d'être *en acte* ; mais on parle aussi de l'*actualité* comme de quelque chose qui fait partie des êtres véritables[1].

Il faut donc examiner ce que c'est qu'être *en puissance* et ce que c'est qu'être *en acte*. Est-ce la même chose, le fait d'être *en acte* et l'*acte* ? et si quelque chose est *en acte*, est-il aussi *acte*[2] ?

1. Littéralement : « dans les choses qui sont », lesquelles, pour un néoplatonicien, sont par définition les êtres intelligibles. La formule est courante chez PLOTIN.

2. Nous suivons le texte de H.-S.[3] : ἐνεργείᾳ, τοῦτο καὶ ἐνέργεια. Tout le mouvement de la pensée de Plotin consiste en effet à se demander si l'on peut conclure de l'existence *en acte* à l'existence *actuelle*, au fait d'être *acte*, comme on peut le voir dès la ligne suivante. Sur cette opposition de l'existence *en acte* et de l'*acte*, voir le Commentaire, p. 70.

ou bien chacun des deux est-il différent de l'autre, et l'être qui est *en acte* n'est pas aussi nécessairement *acte*?

Que ce qui est en puissance *ne se trouve pas dans le monde intelligible*

Maintenant[3], qu'il y ait de l'être *en puissance* dans les êtres sensibles, c'est évident ; mais il faut examiner s'il s'en trouve aussi dans les êtres intelligibles. Il semblerait que[4], là-bas, existe seulement ce qui est *en acte* ; même si s'y trouve ce qui est *en puissance*, il est toujours seulement *en puissance* ; même s'il existe toujours, jamais il ne passerait *à l'acte*[5], du fait qu'il en est exclu par l'absence de temps[6].

---

3. Sur ce sens de οὖν, marquant un nouveau point de départ dans la pensée, voir Denniston, p. 426.

4. ἤ est la particule favorite de Plotin (Sleeman-Pollet, p. 473) et prend souvent son sens à partir du contexte. Nous lui donnons ici un sens faible et dubitatif, l'impossibilité de l'existence *en puissance* dans l'intelligible devant être abordée plus systématiquement, et confirmée, au chapitre 3.

5. Comparer ARISTOTE, *Métaphysique*, 1050 a 15 : « la matière [sensible] est *en puissance* parce qu'elle peut aller vers la forme. » Ce qui, par défaut de temps, ne peut aller à l'acte (tout changement nécessitant en effet du temps), demeurerait donc toujours et nécessairement en puissance. Or, être éternellement en puissance sans possibilité de réalisation aucune, ce n'est pas être *en puissance*, c'est être proprement impossible, comme Aristote l'argumente en *Mét.* 1047 b 3 s. Plotin est donc d'accord avec ARISTOTE sur ce point : « rien de ce qui est éternel n'existe en puissance » (*Mét.* 1050 b 7-8). Plotin, toujours fidèle ici à Aristote, remarquera d'ailleurs dès après qu'on ne peut « être en puissance de rien » (l. 11-12).

6. Plusieurs émendations, rapportées dans H-S[1], ont été proposées pour ce dernier membre de phrase. Les manuscrits donnent : οὐ τῶ χρόνω ; H-S[1] : τῷ οὐ χρόνῳ ; H-S[2] : † οὐ τῷ χρόνῳ ; Theiler, suivi par Armstrong mais non par H-S[3], a proposé : < τῷ > οὐ τῷ χρόνῳ . Depuis, Igal[2] (p. 88), suivi par H-S[4], a proposé : οὕτω <τῷ> χρόνῳ, en montrant, à partir d'un parallèle avec les *Catégories* (13 a 30-31), que χρόνῳ ἐξείργεσθαι, pris seul par lui-même, pouvait signifier « être exclu par le temps », au sens de « par défaut de temps ». La négation < οὐ > n'est plus alors nécessaire, et il suffit, comme le remarque Igal, de prendre < τῷ > avec l'infinitif ἐξείργεσθαι et χρόνῳ sans article. Mais c'est le οὕτω proposé par Igal, dont on ne voit pas à quoi il se rapporte, qui nous paraît superflu. Le plus simple serait alors de lire, comme le faisait déjà Kirchhoff : [οὐ] τῷ χρόνῳ ἐξείργεσθαι.

TRAITÉ 25

Ce qui est en puissance *est entendu de ce qui est passivement puissant...*

Mais il faut d'abord dire ce que c'est qu'être *en puissance*, si, comme c'est le cas[7], on ne doit pas parler de ce qui est *en puissance* sans plus ; car il n'est pas possible d'être *en puissance* de rien[8]. Par exemple, l'airain[9] est *en puissance* statue ; si, en effet, rien ne venait de lui ni en lui, ni n'était disposé à être quoi que ce fût après ce qu'il était, ni n'avait la possibilité de devenir quoi que ce fût, il serait seulement ce qu'il était. Mais ce qu'il était, était déjà présent et n'était pas à venir. Que pouvait-il être d'autre, après lui-même, qui est présent ?[10] Dans ces conditions, assurément[11], il ne serait pas *en puissance*.

---

7. Sens fort de la particule δή attestant d'un fait (voir Denniston, p. 203-204).

8. Que l'on ne puisse être en puissance de rien est de bonne doctrine aristotélicienne, puisque la puissance est relative à l'acte (*Mét.*, 1021 a 14 s.). Mais l'on verra plus loin que Plotin admet un cas en quelque sorte intermédiaire entre, *primo,* le fait de n'être en puissance absolument aucune chose (qu'il refuse avec Aristote) et, *secundo,* le fait d'être quelque chose en puissance (qui correspond à la thèse aristotélicienne), à savoir, *tertio,* la possibilité d'être en puissance toutes choses *sans pourtant être en puissance aucune en particulier,* qui correspond pour Plotin au cas de la matière sensible mais dont Aristote, s'il l'avait connue, aurait immédiatement refusé l'idée. À ce sujet, voir le Commentaire, p. 87.

9. L'exemple de l'airain dont on fait la statue est extrêmement fréquent chez ARISTOTE (*Physique*, 190 a 25 ; 201 a 30 ; *Mét.*, 1015 a 9-10 ; 1023 a 12 ; a 29 ; 1049 a 18 ; etc.). Il représente un cas de potentialité *passive* (*Mét.*, 1019 a 20 s. ; 1046 a 11 s.), définie comme la possibilité pour un être d'éprouver un changement par l'action d'un autre être. La potentialité *passive* implique pour Aristote un certain *pouvoir,* à savoir celui justement d'être *capable* de recevoir une modification quelconque par l'action de telle ou telle chose déterminée, puisque tout ne peut être modifié par tout : « c'est parce qu'il renferme un certain principe [...] que le patient est modifié, celui-ci par tel agent, celui-là par tel autre ; le gras par exemple, est combustible, et le malléable-de-telle-façon, compressible, et ainsi de suite » (*Mét.*, 1046 a 22-26) . « C'est ainsi, explique ailleurs Aristote, que la terre n'est pas encore statue en puissance, car elle doit auparavant subir un changement pour devenir airain » (*Mét.*, 1049 a 17-18).

10. Tout le passage qui précède, depuis « on ne doit pas parler de ce qui est *en puissance* sans plus » (l. 11) jusqu'à ce point (l. 16), est cité par SIMPLICIUS, *In physicorum*, III 1, p. 399, 2-6.

11. Τοίνυν vient ici résumer tout le développement depuis la ligne 13 et en tire la conclusion. D'où la traduction un peu longue : « Dans ces conditions, assurément », qui tient cependant compte des deux aspects du mouvement de pensée.

Il faut donc dire que ce qui est *en puissance*, tout en étant déjà *en acte* quelque autre chose[12], est *en puissance* par le fait de pouvoir[13] être aussi quelque autre chose après lui-même, soit[14] qu'il demeure avec cela qu'il produit, soit que, périssant lui-même, il se donne à cela qu'il est capable de produire[15]. Car c'est d'une autre manière que l'airain est statue *en puissance*, d'une autre que l'eau[16] est airain *en puissance*, et l'air, feu *en puissance*[17].

---

12. Littéralement : « tout en étant déjà quelque autre chose. » La plupart des traducteurs, à l'exception de Igal, ont fait dépendre ce membre de phrase de τὸ δυνάμει en traduisant : « Il faut donc dire que ce qui est déjà *en puissance* quelque autre chose... » Cette traduction, certes légitime, me paraît cependant anticiper sur le fait à expliquer, à savoir la possibilité d'être autre chose à la suite de ce que l'on est déjà, dont la description vient juste après dans la phrase. Sur l'antériorité de l'acte sur la puissance, voir surtout *Métaphysique*, Θ 8.

13. On retrouve ici à nouveau l'idée de capacité (ou de pouvoir) liée à la potentialité passive (voir n. 9), puisque, comme le professe ARISTOTE, « il est de la nature de la matière de pâtir et d'être mue, tandis que mouvoir et agir sont le fait d'une autre puissance »(*Gen. et corr.*, 335 b 29-31).

14. Plotin va distinguer deux cas possibles de changement, celui où le sujet perdure à travers le changement, celui où il disparaît au profit de l'être nouveau à apparaître. Il s'agit respectivement de l'altération (changement qualitatif) et de la génération au sens absolu (changement substantiel). Comparer *Gen. et corr.*, I, 4, 319 b 9-17 : « il y a altération quand, le sujet restant identique et perceptible, un corps ou un être change dans ses affections [...] ; ainsi le corps est tour à tour bien portant et malade tout en restant le même, et l'airain est tantôt rond, tantôt anguleux, tout en restant le même. Mais lorsque le corps ou l'être change tout entier sans qu'il en reste quelque chose de sensible qui en soit le sujet identique, comme cela arrive quand du sang se forme aux dépens de toute la semence, de l'air aux dépens de toute l'eau, de l'eau aux dépens de tout l'air, un tel changement est alors génération d'une substance et corruption de l'autre. » Voir encore l'exposé parallèle de *Physique*, 190 a 31ss.

15. Les deux expressions, « cela qu'il produit » et « cela qu'il est capable [de produire] » renvoient ici encore à l'idée d'une puissance passive. Plutôt qu'une production au sens actif du terme, il s'agit d'un *pouvoir-laisser-se-produire*, et Plotin précisera bientôt (ligne 24) que l'airain n'est « en aucune manière » *puissance* (au sens actif) de la statue.

16. L'idée que l'airain provient de l'eau est héritée de PLATON, *Timée*, 59 c, pour qui les métaux sont des variétés de l'eau, la doctrine passant ensuite à ARISTOTE : « pour les objets d'airain, l'airain est premier relativement à ces objets, mais, absolument, c'est sans doute l'eau, si on admet que tous les corps fusibles sont de l'eau » (*Mét.*, 1015, a 8-10 ; comp. 1023 a 28-29 ; *Météorologiques*, 389 a 7).

17. Tout le passage depuis « Il faut donc dire » (l. 17) jusqu'à ce point (l. 21) est cité par SIMPLICIUS, III 1, p. 398, 33-399, 1.

... et non pas de ce qui est activement puissant

Ce qui est *en puissance* étant tel, est-ce qu'on le dirait aussi *puissance* à l'égard de ce qui sera, est-ce qu'on dirait, par exemple, que l'airain est *puissance* de la statue ? Cela dépend[18] : si la *puissance* est comprise comme *puissance productrice*, en aucune manière[19] ; car la *puissance* entendue comme *puissance productrice*[20] ne saurait être dite *en puissance* ; mais si ce qui est *en puissance* est dit non seulement par rapport à ce qui est *en acte*, mais aussi par rapport à l'*acte*, ce qui est *en puissance* serait aussi *puissance*[21]. Mais il est meilleur et plus clair de parler d'un côté de ce qui est *en puissance* par rapport à ce qui est *en acte*, et de l'autre, de la *puissance* par rapport à l'*acte*.

18. Igal[1] a trouvé ici un terme heureux (*según*) pour traduire la particule ἤ, dont on a vu (n. 4) qu'elle prenait différentes nuances selon les contextes. Elle précède ici deux propositions conditionnelles, l'une exprimant à quelle condition l'être *en puissance* ne peut en aucune manière être considéré comme *puissant*, l'autre à quelle condition — jugée peu satisfaisante par Plotin lui-même —, il pourrait éventuellement l'être.

19. L'airain n'est pas puissance productrice de la statue mais il est *en puissance* statue, c'est-à-dire qu'il possède, de manière immanente, la possibilité ou le pouvoir d'être modifié par un agent autre que lui-même et de devenir ainsi statue.

20. La δύναμις κατὰ τὸ ποιεῖν est la puissance *productrice* (dite aussi puissance *active*) corrélée à la puissance passive. En un sens, explique ARISTOTE (*Mét.*, 1046 a 19 s.), la puissance active et la puissance passive sont une même puissance (puisqu'on n'est activement puissant qu'en corrélation avec ce qui peut éprouver passivement notre puissance et réciproquement), mais en un autre sens, elles diffèrent, puisque l'une est dans le patient lui-même qui subit, l'autre dans l'agent qui de manière transitive agit sur un autre (ou accidentellement sur soi-même mais en tant qu'autre, auquel cas elle est encore au fond transitive). Sur la thèse typiquement plotinienne selon laquelle la puissance productrice ne peut être considérée comme *en puissance*, voir entre autres 49 (V, 3), 15, 32-35.

21. La marche de la pensée de Plotin, depuis la ligne 21, consiste à se demander si l'être *en puissance* peut aussi être considéré comme une *puissance*, et non pas si la *puissance*, de son côté, a rapport à ce qui est *en puissance*. Il est donc plus naturel, comme le notait Theiler, de prendre δυνάμει comme le sujet, et d'ajouter τὸ après δύναμις à la ligne 27, selon la suggestion de Kirchhoff.

Conclusion préliminaire sur la notion d'être en puissance

Donc, ce qui est ainsi *en puissance* est comme quelque chose servant de substrat[22] aux affections, aux figures et aux formes qu'il doit recevoir et qu'il est naturellement disposé à recevoir ; de fait, il s'efforce même de venir à elles, et les unes pour le meilleur résultat, les autres pour ce qui est pire qu'elles et leur est nuisible[23], dont chacune est pourtant[24] une autre chose en acte[25].

2. EXPOSÉ CRITIQUE (CHAPITRE 2).

Mise à l'épreuve de la notion d'être en puissance *dans le monde sensible*

Mais au sujet de la matière, il faut examiner si c'est en étant quelque chose d'autre *en acte*, qu'elle est *en puissance* à l'égard

---

22. Sur la désignation de la matière en puissance comme substrat chez ARISTOTE, voir par exemple *Mét.*, 1042 a 26 s. Voir aussi *Timée*, 50 c, où il est dit que le réceptacle est « par nature » un porte-empreintes pour toutes choses. Que PLOTIN rapporte ici que la matière est donnée comme le substrat des affections ne doit pas faire oublier qu'il tient quant à lui la matière pour impassible (ἀπαθής) en 26 (III, 6), 6, et s.

23. Dans un contexte voisin, *Mét.*, 1019 b 1-3 : « en un autre sens, puissant signifie ce qui a une puissance de changement vers un état quelconque, soit vers le pire, soit vers le meilleur. »

24. Καί adversatif.

25. Plusieurs émendations ont été proposées de ce passage (l. 31-34) peu satisfaisant. Le sujet de la phrase nous semble en tout cas, pour des raisons doctrinales, devoir être le τὸ δυνάμει mentionné juste avant (l. 29-30). Dans ces conditions, ce serait donc ce qui est *en puissance*, c'est-à-dire la matière elle-même, qui s'efforcerait d'atteindre les formes. *Mét.*, 1050 a 15, offre un parallèle intéressant : « la matière est en puissance parce qu'elle *peut aller vers la forme* », le thème du désir de la matière pour la forme étant d'autre part abordé par ARISTOTE en *Phys.*, 192 a 22. On rencontre en différents endroits chez Plotin le concept d'une matière en quelque sorte *active*, agissant en opposition à la détermination formelle, notamment en 26 (III, 6), 13, 1-10 ; 14, 7-10, et en 51 (I, 8), 8, 18 s. ; 14, 35-36. Principe du mal (51 [I, 8], 6, 33), la matière est pour Plotin un contre-principe actif, source de défauts et de vices dans le monde.

des choses qui sont informées[26], ou si elle n'est rien *en acte*[27], et si, de manière générale, les autres choses aussi que nous disons *en puissance*, en recevant la forme et en demeurant elles-mêmes, deviennent *en acte*, ou si ce qui est *en acte* sera dit de la statue en opposant seulement la statue *en acte* à la statue *en puissance*, mais sans que *ce qui est en acte* soit prédiqué de cela, dont on disait qu'il était statue *en puissance*[28].

Si donc il en est ainsi, ce n'est pas ce qui est *en puissance* qui devient *en acte*, mais de l'être qui était *en puissance* antérieurement, vient ensuite l'être qui est *en acte*. Car de fait[29], encore une fois, l'être *en acte* est le composé, pas la matière ;

26. C'est la position d'ARISTOTE, pour qui la matière considérée en elle-même est en puissance seulement mais qui, parce qu'elle n'existe pas à l'état séparé (*Gen. et corr.* 329 a 31), ne se rencontre justement jamais seule *par elle-même*, est toujours en fait accompagnée d'une contrariété, n'existe jamais sans affection ni sans forme (*ibid.*, 320 b 17) et devient en acte une chose et puis une autre, tant et si bien qu'elle est en un sens, c'est-à-dire en puissance, toujours la même, et en un autre sens, c'est-à-dire en acte, toujours autre (*ibid.*, 319 b 2-4 ; *Phys.*, 190 b 21 ; 192 a 1 s. et surtout 217 a 24 s.).

27. Comme le croit PLOTIN qui en développera les raisons au chapitre 4.

28. Contrairement à ARISTOTE, PLOTIN n'admet apparemment aucune continuité entre ce qui est *en puissance* et ce qui est *en acte*, l'être *en acte* étant chaque fois une autre substance que celle qu'il était *en puissance*. Bref, ce que Plotin refuse ici, c'est l'idée que la matière, en tant que « ce de quoi » une chose est constituée, soit un élément demeurant immanent (*Phys.*, 195 a 23 ἐνυπάρχοντος) dans ce qui devient, le fait que c'est effectivement « le feu en puissance qui est la matière [entrant dans la constitution] du feu en acte » (*Mét.*, 1092 a 4-5 ; comp. 1088 b 1). Pour Plotin, l'airain, dans le composé qu'est la statue, n'est plus l'airain tel qu'il était en puissance statue ! L'acte (voir l. 28-31), c'est-à-dire la détermination formelle qui fait que tel être déterminé (par exemple la statue d'airain) est *en acte*, ne doit rien à l'airain qu'on dit en puissance statue et qui n'est lui-même airain en acte que par l'effectivité d'un acte antérieur à celui qui produit la statue. De proche en proche, Plotin aboutit ainsi à la conclusion qu'il lui tarde d'établir, à savoir que toutes les réalités sensibles sont le résultat des déterminations formelles seules, et que ce que l'on interprète comme un passage obligé de l'*en puissance* à l'*acte* n'est en réalité que le résultat d'une succession d'actes d'actes, la matière, tout en deçà, étant condamnée à l'*en puissance* seul, à la fois radical et définitif.

29. Καί a ici le sens de « *de fait* », « *effectivement* », etc. (Denniston, p. 317).

et la forme, c'est ce qui est sur elle. Tel est également[30] le cas lorsqu'une une autre substance vient à l'être ; de l'airain, par exemple, une statue ; car la statue en tant que composé est une autre substance. Or, dans le cas des choses qui ne subsistent absolument pas, il est évident que ce qui était *en puissance* était totalement différent[31].

Le contre-exemple de la puissance noétique

En revanche[32], lorsque le grammairien *en puissance* devient grammairien *en acte*, comment, dans ce cas, ce qui est *en puissance* ne serait-il pas aussi le même que ce qui est *en acte* ? Car

30. Le καί additif est ici important, puisqu'il implique que même dans le cas où l'on pourrait croire que la réalité *en puissance* subsiste dans le nouveau composé, comme l'airain dans la statue, il ne subsiste absolument pas. En d'autres termes, il y a solution de continuité entre l'airain qui est *en puissance* statue, et l'airain dans le composé qu'est la statue, comme l'atteste l'autre cas, plus facile et plus convaincant, où l'air est dit feu *en puissance*, tandis qu'il est évident, d'un point de vue aristotélicien, que l'airain est bien à chaque fois le même (voir n. 14).

31. Il s'agit de la génération substantielle (voir de nouveau la note 14).

32. Le sens du développement des lignes 15 à 26 est le suivant : on ne doit pas conclure, de l'affirmation générale selon laquelle ce qui est *en puissance* est dépourvu de *puissance*, et du fait qu'il y a solution de continuité entre ce qui est *en puissance* et ce qui est *en acte*, que la même règle s'applique s'agissant des changements qui font intervenir l'âme, et que celui qui devient savant en acte n'est pas le même que celui dont on disait antérieurement qu'il était savant en puissance. C'est que l'âme, dite *en puissance* grammairienne, *en puissance* ceci ou cela, est en vérité *puissance* (voir 3, 22) de ces choses. L'âme présente donc un cas (évoqué par PLOTIN déjà en 1, 26-28) où l'être *en puissance* est dit corrélativement non seulement à ce qui est *en acte*, mais aussi à l'*acte*. Dans la mesure où elle est « d'elle-même » (καθ' αὑτὴν, l. 21) disposée au savoir, être en puissance ne signifie pas pour l'âme être *sans* puissance, mais plutôt ne pas être actuellement en possession de la forme (voir l. 25-26) dont elle a cependant toujours naturellement et d'elle-même la puissance. Sur le sens de cette doctrine et son ancrage dans la noétique aristotélicienne, voir le Commentaire, p. 93.

c'est le même Socrate qui est sage *en puissance* et sage *en acte* ![33]

— Est-ce donc que l'ignorant est aussi savant ? Du simple fait[34] qu'il était savant *en puissance* !

— Bien plutôt[35], l'inculte est savant par accident. Car ce n'est pas en tant qu'inculte qu'il est savant *en puissance*, mais l'état d'inculture lui appartenait par accident, cependant que son âme, étant d'elle-même appropriée au savoir, était *en puissance* ce par quoi il devint savant *en acte*[36].

— Donc il préserve encore ce qui est *en puissance*, et demeure grammairien *en puissance* quand il est grammairien *en acte*[37] ?

— Eh bien ![38], rien ne l'empêche, du moment[39] qu'on l'entend d'une autre manière : dans ce cas-là, il était seulement grammairien *en puissance* ; tandis que dans ce cas-ci, la *puissance* est en possession de sa forme[40].

---

33. Comparer *Physique*, 190 a 10-11 : « en effet, l'homme subsiste quand il devient lettré et il est encore homme. »

34. Littéralement : « *Car* il était savant en puissance. » La phrase est introduite comme une objection ayant le sens de : « Suffit-il d'être en puissance quelque chose pour être en même temps une chose et son contraire, comme Socrate qui serait le même, lorsque savant en puissance puis savant en acte ? »

35. Ἢ disjonctif au début d'une réponse, qui a ici un sens adversatif.

36. Voir Modifications au texte grec, n° 4, p. 38. Καὶ à la ligne 22 a le sens de « de fait (= en acte) » (Denniston, p. 317).

37. Littéralement : « quand il est *déjà* grammairien », mais le « *déjà* » traduit ici la réalité effective *en acte*.

38. Ἢ disjonctif.

39. Valeur limitative de καὶ (Humbert, par. 728).

40. Comparer tout le développement du traité *De l'âme* d'ARISTOTE, II, 5, où il est expliqué que dans le cas d'une connaissance déjà acquise, le passage à l'acte n'est pas la destruction de l'état en puissance antérieur, mais que ce « serait plutôt une préservation de l'être potentiel par l'être réalisé, auquel il ressemble, comme la puissance en face de la réalisation. Que se mette, en effet, à spéculer celui qui possède la science, il n'y a pas là précisément d'altération, puisque le progrès va du même au même » (417 b 3-7 ; cf. aussi 429 b 6-10).

Comment on peut parler d'un acte dans le cas du composé sensible...

— Si alors ce qui est *en puissance* est le substrat, et que ce qui est *en acte* est le composé, à savoir la statue, comment appellera-t-on la forme qui est sur l'airain?

— Il n'est sans doute[41] pas absurde d'appeler *acte*[42] la forme et la figure en vertu de laquelle la statue est *en acte* et non pas seulement *en puissance* ; plus précisément[43], non pas *acte* simplement, mais l'*acte* de cet *être déterminé*[44].

... et du véritable sens de l'actualité

Puisqu'il y a un autre *acte* que l'on pourrait sans doute plus proprement appeler *acte*, à savoir l'*acte* qui est corrélé à la *puissance* qui conduit à l'*acte*. En effet, ce qui est *en puissance* obtient l'être *en acte* d'une autre chose, tandis que pour la *puissance*, l'*acte* est ce dont elle est capable par elle-même ; par exemple une disposition et l'*acte* dénommé d'après elle, le courage et le fait d'agir courageusement. Mais en voilà assez sur ce point.

41. Ἤ disjonctif au début d'une réponse. Nous lui donnons ici un sens dubitatif, compte tenu de l'hésitation — réelle ou feinte — avec laquelle Plotin propose sa réponse.

42. Voir 26 (III, 6), 4, 41-42.

43. « plus précisément » n'est pas dans le texte grec, mais cette formule de transition facilite la compréhension. Comme le montre la suite du texte (et comme le laisse entendre la formule), il ne serait pas *faux* d'appeler *acte* la figure et la forme, mais l'*acte* relève plus proprement d'une autre *puissance* que celle dont l'être *en acte* de la statue fournit ici l'exemple.

44. Comparer 12 (II, 4), 8, 14 s.

II

APPLICATION

1. L'INTELLIGIBLE (CHAPITRE 3).

*Thème général : les notions d'*en puissance, *d'*en acte *et d'*acte *appliquées à l'Intelligible*

Mais la raison pour laquelle nous avons tenu ces propos préliminaires, il faut la dire maintenant, puisqu'il s'agit de savoir comment enfin on peut parler de ce qui est *en acte* dans les intelligibles, si chaque intelligible est seulement *en acte* ou bien s'il est aussi *acte*, si tous ensemble sont *acte*[45], et si ce qui est *en puissance* existe aussi là-bas.

45. C'est un souci constant des *Ennéades* de poser que le monde intelligible, qui contient la totalité des Idées, est une multiplicité-une où tout est en tout, où tout est partout pénétré par tout. Par exemple 31 (V, 8), 4, 3 s. : « [dans l'Intelligible] tout est transparent, et on n'y trouve rien d'obscur ou de résistant ; tous les êtres sont clairs pour tous, jusque dans leur intimité ; c'est la lumière pour la lumière. Chacun a tout en lui, et voit tout en chaque autre ; tout est partout, tout est tout, chacun est tout...» ; 5 (V, 9), 6, 1ss. : « l'Intelligence est la même chose que les êtres ; elle les contient tous en elle, non comme en un lieu, mais parce qu'elle se contient elle-

*L'état d'*en puissance *n'existe pas dans le domaine de l'intelligible*

Eh bien ! s'il n'y a ni matière là-bas en laquelle ce qui est *en puissance* puisse résider, ni, parmi les réalités de là-bas, quelque chose sur le point d'être ce qu'il n'est déjà[46], ni non plus quelque chose[47] qui, se transformant en un autre, ou bien engendre un autre être en demeurant ce qu'il est[48], ou bien, sortant de lui-même, donne l'existence à un autre à la place de lui-même[49], il n'y aurait rien là-bas, parmi les êtres véritables et qui possèdent l'éternité et non le temps, en quoi pût résider ce qui est *en puissance.*

Application au cas litigieux de la matière intelligible

Si donc l'on interrogeait ceux qui admettent là-bas aussi une matière au sein des êtres intelligibles, pour savoir s'il n'y a pas, là-bas aussi, de l'être *en puissance* correspondant à la

même et qu'elle est pour eux une unité. Là-bas, tous les êtres sont ensemble et néanmoins séparés » ; 5 (V, 9), 8, 2 s. : « chaque Idée n'est point différente de l'Intelligence, mais est une intelligence. L'Intelligence complète est faite de toutes les Idées, et chacune des Idées, c'est chacune des intelligences. » Voir encore 9 (VI, 9), 5, 14 s. ; 47 (III, 2), 14, 15 s. ; 45 (III, 7), 4, 10 s.

46. L'adverbe « déjà » souligne l'état d'éternité qui caractérise le monde intelligible. En effet, ce qui caractérise fondamentalement l'unité multiple de l'intelligence est le fait qu'elle possède *toujours déjà* tout ce qu'elle doit posséder, selon le thème fameux du « tout à la fois » (ὁμοῦ πάντα 5 [V, 9], 6, 8 ; 7, 11). Le parallèle le plus intéressant, puisqu'il intervient à l'occasion d'une discussion sur la nature de la matière intelligible, est sans doute 12 (II, 4), 3, 13-14 : « Or, là-bas, la matière est toutes choses en même temps ; c'est pourquoi il n'y a rien en quoi elle puisse se transformer, puisqu'elle est *déjà* toutes choses. »

47. μηδέ τι y et H.-S.[5]. Voir Modifications au texte grec, n° 5, p. 38.

48. Littéralement : « en demeurant. »

49. Les lignes 5-7 permettent de distinguer deux cas, celui où l'agent perdure à travers le changement, celui où il disparaît au profit de celui qu'il contribue à produire. La doctrine est donc exactement parallèle à celle qui est exposée au début du traité en 1, 18-19, puis critiquée en 2, 12-15.

matière de là-bas — car même si la matière[50] existe d'une autre manière[51], il y aura néanmoins[52], en chacune des réalités intelligibles, quelque chose comme une matière, quelque chose comme une forme, et le composé des deux — que répondrons-nous[53] ?

— Eh bien ![54] que ce qui est là-bas comme une matière est aussi une forme — puisque aussi bien l'âme, qui est une forme, est matière par rapport à autre chose[55].

— Mais alors, elle[56] est aussi *en puissance* par rapport à cette chose-là?

---

50. Il s'agit bien sûr de la matière intelligible.

51. Voir 12 (II, 4), 3, 6 et 15 où il est fait allusion à l'« autre manière » de se comporter dans l'intelligible.

52. Sens restrictif de ἀλλά (Humbert, p. 375).

53. La leçon des manuscrits de la famille *y* nous semble devoir être préférée à celle des autres familles qui donnent à lire ἐροῦσιν (– répondront-ils), d'abord parce qu'il est évident que Plotin, comme le remarque Theiler *ad locum*, se compte lui-même parmi les partisans de cette doctrine d'une matière intelligible, contrairement à ce qu'ont cru Heinemann et Merlan (voir Commentaire, p. 105), et comme le montre la réponse qui suit immédiatement la question, laquelle est sans conteste celle de Plotin lui-même et non celle de quelque école adverse. Ensuite, parce que l'on retrouve à nouveau la même question quelques lignes plus loin (19) à propos de l'âme, dont on prend prétexte pour conclure indûment à la présence de potentialité dans le monde intelligible. Les deux questions appartiennent au même développement et se font donc pendant l'une l'autre : que répondrons-nous si l'on objecte A, que répondrons-nous si l'on objecte ensuite B ?

54. Ἢ disjonctif avec le même sens qu'en 2, 19.

55. L'idée selon laquelle l'âme, qui est de nature formelle, est matière par rapport à autre chose, avait déjà été évoquée en 12 (II, 4), 3, 1-5 : « il faut dire qu'on ne doit pas mépriser partout ce qui est indéfini (i. e. *ce qui est matériel*) [...], s'il est en mesure de s'offrir aux choses qui le précèdent et aux meilleurs êtres. Telle est aussi, par nature, l'âme à l'égard de l'intelligence et de la raison, étant informée par elles et conduite vers une forme meilleure. » C'est une doctrine générale des *Ennéades* que chaque niveau de réalité est « matière » pour celui qui le précède : 5 (V, 9), 3, 21-24 ; 10 (V, 1), 3, 20 s. (et le commentaire de Atkinson *ad locum*) ; 13 (III, 9), 5, 3 ; 30 (III, 8), 11, 3 ; 31 (V, 8), 3, 9, etc. Mais Plotin insiste davantage maintenant (voir l. 22), pour mieux illustrer la nature de la matière intelligible, sur l'aspect *dynamique* de l'âme, laquelle n'est pas simplement informée par autre chose — comme ce qui est *en puissance* est conduit à l'acte par autre chose (2, 33) — mais est puissance active de ces choses.

56. À savoir la matière intelligible, ou plus exactement, ce qui, tout en étant forme, a fonction de matière dans l'ordre intelligible. C'est seulement à la ligne 19, nous semble-t-il, que Plotin reviendra au cas de l'âme.

— Que non! Car cette chose-là était sa forme[57]. En fait, la forme ne lui est pas postérieure et n'en est pas séparée, si ce n'est conceptuellement, et elle[58] possède ainsi une matière comme ce qui est pensé en deux parties, mais les deux parties sont une seule nature[59], à la manière d'Aristote, qui dit aussi que son cinquième corps[60] est immatériel[61].

Mais au sujet de l'âme, comment répondrons-nous? Car[62] elle est animal *en puissance* lorsqu'elle ne l'est pas encore, mais est sur le point de l'être, et musicienne *en puissance* et toutes les autres choses qu'elle devient et qu'elle n'est pas toujours ; de sorte que dans les intelligibles aussi il y aurait de l'être *en*

---

57. On a compris de différentes manières ce membre de phrase. Selon Armstrong et Igal[1], l'on serait en présence d'un mode irréel ; Armstrong : *« No ; for then the something else would be its form »* ; Igal : *« Pues no ; si no, esa cosa* sería forma del alma. » On s'attendrait alors à trouver ἄν, encore que l'argument n'ait qu'un poids relatif chez Plotin, comme l'a signalé Schwyzer (art. « Plotinos », col. 517). Le contexte indique cependant que la phrase ne peut être entendue ainsi. Il ne fait pas sens, en effet, de dire que cette « chose-là » ne peut être sa forme, et d'expliquer ensuite *comment*, dans le monde intelligible, le rapport forme-matière garde sa légitimité dans la mesure où il n'implique, d'une part, aucune postériorité du premier terme vis-à-vis du second, d'autre part aucune séparation, si ce n'est notionnelle, des deux termes l'un par rapport à l'autre.

58. Il s'agit toujours de la forme.

59. Voir 12 (II, 4), 5, 1 et 30 (III, 8), 11, 1-5.

60. L'expression reparaît en 40 (II, 1), 2, 13.

61. Le cinquième corps (à côté des quatre corps élémentaires du monde sublunaire que sont le feu, l'eau, l'air et la terre) auquel ARISTOTE se serait référé dans des dialogues aujourd'hui perdus et que nous connaissons, dans le *De caelo*, sous le nom de « corps premier », est l'« éther » (270 b, 20 s). Or Aristote n'écrit nulle part que ce corps est à proprement parler immatériel, quoiqu'il ressorte en effet clairement de l'exposé du *De caelo* I, 2-4, que ce corps premier « inengendré, indestructible, exempt de croissance et d'altération » (270 a 13-14), est « immatériel » en regard au moins des changements substantiel, quantitatif et qualitatif, seul le changement selon le lieu, et donc une matière *topique*, pouvant lui être attribué (*Mét.*, 1069 b 26). Le premier corps ne connaît donc que la moins « matérielle » des matières sensibles (sur l'échelle des matières chez Aristote, voir *Mét.*, Z 10 et Λ 2), et peut prétendre à l'éternité (270 b 1) tout en demeurant composé (contrairement à ce que soutient entre autres *Mét.*, 1088 b 14-28). Sur l'histoire complexe de cette *quinta essentia* et les difficultés qu'elle soulève chez Aristote, voir l'Introduction au *De caelo* de P. Moraux (coll. « Budé »), p. XXXIV-LX et, du même auteur, l'article *« Quinta essentia »*, dans la *Realencyclopädie der classichen Altertumswissenschaft* de Pauly-Wissowa, t. XXIV, col. 1171 s.

62. Il faut sous-entendre ici : « Car l'on pourrait faire valoir que...»

puissance. En réalité[63], l'âme n'est pas *en puissance* ces choses, mais elle est *puissance* de ces choses[64].

Du véritable sens de l'actualité intelligible

— Mais ce qui est *en acte*, là-bas, comment se présente-t-il? Est-ce qu'il est comme la statue est le composé *en acte*, parce que chaque intelligible a reçu sa forme?

— Bien plutôt[65], parce que chaque intelligible est forme et est de manière achevée ce qu'il est. L'intelligence, en effet, ne passe pas de la *puissance* selon laquelle elle est capable de penser à l'*acte* de penser — car il serait alors besoin d'une autre intelligence, antérieure, qui ne fût point passée de la *puissance* à l'*acte*[66] —, mais le tout est en elle[67].

En effet, ce qui est *en puissance* n'admet[68], pour devenir quelque chose *en acte*, d'être conduit à l'*acte* que par la venue

63. Ἢ disjonctif avec un sens adversatif, comme en 2, 19.

64. On retrouve à nouveau ici l'idée de *puissance active*, celle dont on disait précédemment que « l'acte [était] ce dont elle [était] capable par elle-même » (2, 34) et qui, dans le cas particulier de l'âme, se manifeste notamment par le fait qu'elle est « d'elle-même disposée au savoir » (2, 21-22). 10 (V, 1), 3, 17-19 offre un parallèle intéressant, dans la mesure où y est expliqué que « seuls doivent être appelés des actes de l'âme, ceux qui sont intellectifs et qui émanent de son propre intérieur (οἴκοθεν) ».

65. Ἢ disjonctif dans le même sens que précédemment.

66. La même idée est exposée en 5 (V, 9), 5, 1 s. : « Mais si l'on prend le mot intelligence en son véritable sens, il faut comprendre par là non pas une intelligence en puissance et qui passe de l'état d'inintelligence à l'état d'intelligence (sinon, nous demanderons à nouveau une autre intelligence antérieure à celle-ci), mais l'intelligence en acte et éternellement existante. Et si elle ne tient pas sa pensée de l'extérieur, si elle pense quelque chose, elle le pense par elle-même, et si elle possède quelque chose, elle le possède par elle-même. » On remarque d'ailleurs que le thème du « par soi-même », que nous retrouvons plus loin dans notre traité (3, 30), était déjà présent en 5 (V, 9). Voir encore le développement de 31 (V, 8), 9 qui culmine avec l'idée que l'intelligence est « puissance totale, qui s'étend à l'infini et est puissance jusqu'à l'infini » (24-25).

67. Comparer 12 (II, 4), 3, 13-14 à propos de la matière des intelligibles : « Or là-bas, la matière est toutes choses en même temps ; c'est pourquoi il n'y a rien en quoi elle pourrait se transformer, puisqu'elle est déjà toutes choses. »

68. Le verbe est βούλεται, « vouloir ». Mais il s'agit bien sûr d'un « vouloir » impersonnel. Ce qui est *en puissance* « veut » être conduit à l'*acte* par..., c'est-à-dire ne peut *admettre* de l'être *que par...*

d'un autre[69] ; mais ce qui possède lui-même par lui-même toujours son *être-tel*[70], cela sera *acte*[71]. Par conséquent, tous les êtres premiers sont *acte* ; car ils possèdent ce qu'ils doivent posséder à la fois d'eux-mêmes et toujours. Alors l'âme aussi, celle qui n'est pas dans la matière, mais dans l'intelligible, existe de cette manière. Mais l'âme qui est dans la matière

---

69. Dans sa critique des stoïciens, PLOTIN insiste à plusieurs reprises sur le fait que ce qui est *en puissance* ne peut être placé au départ des choses (« Le plus absurde, de manière générale, c'est de mettre au premier rang ce qui est en puissance, et de ne pas placer l'acte avant la puissance » 42 [VI, 1], 26, 1-3), et ridiculise l'idée que l'on puisse se faire passer soi-même à l'acte, c'est-à-dire sans l'intervention d'un terme extérieur déjà en acte (2 [IV, 7], 8^{3}, 14 s.), ce qui est précisément ce qu'il s'accorde ici selon un schéma non aristotélicien de la puissance que les stoïciens, il faut bien le reconnaître, ont eux-mêmes largement contribué à mettre en place.

70. On pourrait aussi traduire : « ce qui possède lui-même par lui-même son *toujours-être-tel* (τὸ ἀεὶ οὕτως ἔχει). » Le rapprochement le plus riche, d'un point de vue terminologique et surtout conceptuel, est sans doute avec *Politique*, 269 d 4-6 : « Conserver toujours les mêmes rapports et la même manière d'être (Τὸ κατὰ ταὐτὰ καὶ *ὡσαύτως ἔχειν ἀεὶ*) et rester identique à soi, cela ne convient qu'aux plus divines de toutes les choses, alors que la nature corporelle n'est point de cet ordre » (comp. 23 (VI, 5), 3, 1-4). Pour la formule « ἀεὶ οὕτως ἔχει » chez ARISTOTE, voir par exemple *Mét.*, 1052 a 11. En 39 (VI, 8), 7, 12, PLOTIN s'oppose à l'idée que l'Un soit « par hasard l'*être-tel* qu'il est (ὡς τυχοῦσα οὕτως ἔχειν, ὡς ἔχει) », en ayant recours comme ici au thème du « par soi-même », l'Un existant en effet par lui-même, c'est-à-dire en raison de sa propre force ou de sa propre puissance. Cette idée d'une puissance s'exerçant *par soi-même* est donc intimement liée, on s'en aperçoit, à toute la compréhension plotinienne de l'être.

71. Nous suivons H.-S. en lisant ἐνέργεια plutôt que ἐνεργείᾳ aux lignes 30, 31, 33 et 34 (adopté par tous les éditeurs depuis Kirchhoff, et récemment repris par Igal[1]). Le fait de *posséder toujours de soi-même son être-tel* ne convient en effet qu'à l'*acte* (qui, bien sûr, d'évidence, est *a fortiori* en acte), et non à l'être *en acte* comme tel, dont PLOTIN admet qu'il existe aussi dans le monde sensible (2, 10 ss.), par définition changeant. La description fournie correspond donc exactement au cas de l'*acte*, et accidentellement à celui de l'être *en acte*. Cet argument nous semble devoir prévaloir sur celui (ainsi Theiler) selon lequel, dans le présent développement, la discussion sur les rapports existant entre le fait d'être *en acte* et l'*acte* ne serait introduite qu'à la ligne 35. Ainsi décrit, l'on voit que l'être intelligible, en tant qu'intelligible, est non seulement *en acte*, ce qu'est aussi le composé sensible, mais nécessairement *acte*, c'est-à-dire toujours identique à lui-même, puisqu'il est affranchi du temps (1, 8-9 ; 3, 8). Au surplus, le présent développement est parallèle à celui que nous avons rencontré en 2, 33-34, qui aboutissait lui aussi, pour ce qui agit « par lui-même », à l'affirmation de l'*actualité* pure. Comparer *Mét.*, 1071 b 20-22.

aussi, est un autre *acte*[72], par exemple l'âme végétative ; car celle-là aussi est ce qu'elle est, un *acte*.

— Mais en admettant que tous sont *en acte* et de cette manière, sont-ils tous *acte* ? De quelle façon ?

— Eh bien[73] ! si c'est à bon droit que cette nature-là a été déclarée sans sommeil et vie et la meilleure vie, les plus beaux *actes* seraient là-bas. Par conséquent, tous les êtres[74] sont *en acte* et sont *acte*, et tous sont des vies, et le lieu qui est là-bas est lieu de vie, et principe et source[75] de l'âme vraie[76] et de l'intelligence.

2. LE SENSIBLE (CHAPITRES 4 ET 5).

A. L'état d'« en puissance » radical de la matière sensible : établissement de la thèse (chapitre 4).

Reprise de l'exposé doxographique selon lequel ce qui est en puissance *sous un rapport est* en acte *sous un autre*

Donc tous les autres êtres qui sont *en puissance* quelque chose, se caractérisent par le fait d'être aussi *en acte* une autre chose, laquelle, étant déjà, est dite *en puissance* relativement à une autre chose[77].

72. Comme l'ont compris Ficin et Armstrong, ἄλλη (l. 33), se rapporte à ἐνέργεια.

73. Sens progressif de la particule δή (Humbert, p. 405).

74. Sous-entendu, « tous les êtres *là-bas* ».

75. Voir *Phèdre*, 245 c 9.

76. Allusion probable aux lignes précédentes 32-34 où il est précisé que non seulement l'âme qui est dans l'intelligible, mais aussi celle qui est dans la matière — du moins l'âme végétative —, doivent être tenues pour des *actes*.

77. PLOTIN reprend ici l'idée aristotélicienne (*Mét.*, 1071 a 5 s.) selon laquelle ce qui est *en puissance* sous un certain rapport est *en acte* sous un autre, l'airain est ainsi *en puissance* statue parce qu'il est déjà *en acte* quelque chose, à savoir dans ce cas-ci un alliage de cuivre et d'étain, homéomère inorganique produit à partir des éléments.

Le démenti qu'y apporte le cas de la matière sensible, qui n'est jamais en acte

Mais au sujet de la matière qu'on dit exister[78] et dont on affirme qu'elle est *en puissance* tous les êtres[79], comment peut-on soutenir qu'elle est *en acte* quelqu'un des êtres[80] ? Aussitôt, en effet, elle ne serait plus *en puissance* tous les êtres[81] ! Si donc elle n'est aucun des êtres, nécessairement elle n'est pas elle-même un être[82]. Comment donc pourrait-elle être quelque chose *en acte*, puisqu'elle n'est aucun des êtres?

Ne jamais être en acte *n'implique pas qu'on n'existe pas*

Mais tout en n'étant aucun de ces êtres qui naissent en elle, rien n'empêche qu'elle soit quelque chose d'autre, puisque ce

78. Bien qu'elle ait un mode d'existence tout à fait unique, PLOTIN insiste toujours pour montrer que la matière du monde sensible existe *réellement*. La matière « n'est pas un nom vide, mais bien un véritable substrat », insiste-t-il en 12 (II, 4), 12, 22-23 (comp. 6, 2-4 ; 11, 2-3), et il s'insurge, en 51 (I, 8), 1-4, contre ceux qui pourraient mettre son « existence » (*hypostase*) en doute.

79. À notre connaissance, on ne rencontre pas chez ARISTOTE la désignation de la matière comme ce qui est *en puissance* « tous les êtres ». On trouve bien une formule voisine en *Mét.*, 1087 a 17, où la puissance comme matière est dite « universelle et indéterminée », mais le plus souvent, Aristote s'exprime en disant que la matière est en puissance telle ou telle chose, c'est-à-dire une chose en particulier, la raison en étant évidemment qu'elle ne peut devenir en acte une chose déterminée qu'à la condition de ne plus être en acte telle autre chose déterminée (*Gen. et corr.*, 318 a 23-25, et le commentaire de H. H. JOACHIM, *Aristotle, On Coming-to-be and Passing-away,* Oxford, Clarendon Press, 1922, *ad locum*).

80. Reprise de la question soulevée en 2, 1 s.

81. C'est à ce point précis, nous semble-t-il, que PLOTIN se sépare résolument d'ARISTOTE et des aristotéliciens. L'être *en puissance* de la matière exclut selon Plotin toute réalisation, tout passage *à l'acte*. Si la matière était *en acte* une chose, par définition, elle ne serait plus *en puissance toutes les choses*, où l'on retrouve la différence, évoquée à la note 8, entre être *en puissance* toutes choses mais *à la fois,* et donc n'être jamais *en acte* aucune en particulier (c'est la thèse plotinienne), et être *en puissance* chaque chose, c'est-à-dire toutes choses mais *successivement,* et donc être toujours *en acte* une chose en particulier (c'est la thèse aristotélicienne). Sur quoi, voir le Commentaire, p. 116.

82. Sous-entendu : « en acte. »

ne sont pas tous les êtres qui naissent en une matière[83]. Donc, dans la mesure où elle n'est aucun de ces êtres qui naissent en elle, or ceux-ci sont des êtres, elle sera non-être. Imaginée comme quelque chose sans forme, elle ne sera donc pas une forme. Par conséquent, elle ne sera pas davantage comptée au nombre des êtres intelligibles[84]. Elle sera donc non-être de cette manière-là aussi. Bref[85], étant non-être dans les deux sens[86], elle sera dans une plus grande mesure non-être.

Aperçu de la genèse de la matière

Si maintenant[87] la matière a fui la nature des êtres véritables[88], et qu'elle ne peut pas non plus atteindre les êtres qu'on dit faussement exister[89], parce qu'elle n'est pas non plus

83. Il est difficile de savoir ce que PLOTIN entend par cette étrange remarque. Si l'on prend en considération l'existence de trois niveaux de matière chez Plotin, intelligible, psychique, sensible, « ce qui ne naît pas en une matière », outre ces matières elles-mêmes, ne peut être que l'Un. Mais étant donné que la matière intelligible — et psychique — est au fond une non-matière, puisqu'elle est de nature formelle, l'expression vise sans doute tout ce qui ne relève pas d'une composition *sensible*, comme le suggère la comparaison avec 44 (VI, 3), 7, 3-5, où cette dernière précision est apportée.

84. Voir Modifications au texte grec, n° 9, p. 38.

85. Ἄρα marque ici un bilan provisoire des résultats acquis.

86. La matière est non-être dans les deux sens, c'est-à-dire premièrement parce qu'elle n'est aucun des êtres en acte qui naissent en elle, et deuxièmement parce qu'elle n'est pas de nature formelle, ce qui rend du reste d'autant plus étrange l'affirmation en 31 (V, 8), 7, 22-23, selon laquelle la matière sensible serait « une sorte de forme dernière », qu'il faut sans doute entendre de manière métaphorique. Sur quoi, voir *Les Deux Matières*, p. 176. Sur le non-être de la matière, voir plus loin 5, 9 s. et le Commentaire p. 136.

87. Nouvelle considération introduite par δή. PLOTIN ouvre ici une sorte de *parenthèse cosmogonique* qui sera reprise, au chapitre suivant, aux lignes 11 à 19 et 28-29. L'exposé demeure cependant extrêmement laconique, hermétique même, et l'on ne trouve nulle part ailleurs dans les *Ennéades* une description exactement parallèle à celle-ci. Sur cette difficulté, voir le Commentaire p. 122.

88. Comparer 26 (III, 6), 13, 22-23 : « [cette nature] s'est totalement échappée de la substance des êtres qui sont et est complètement différente. »

89. À savoir les êtres sensibles dont PLOTIN souligne ailleurs qu'ils ne sont « rien d'autre que des fantômes dans un fantôme », des « copies et des fantômes dans un fantôme informe », ce qui est aperçu dans la matière étant lui-même une « fausseté s'enfonçant dans la fausseté » (26 [III, 6], 7, 24 s. ; comp. 13, 34).

une image de la raison comme le sont ceux-là[90], en quelle classe de l'être pourra-t-elle être saisie? Et si elle n'est saisie en aucune, que peut-elle être *en acte* ?

B. L'état d'« en puissance » radical de la matière sensible : reprise et approfondissement de la thèse (chapitre 5).

*L'état d'*en puissance *de la matière confine celle-ci au rôle de pure annonce*

— Comment, alors, parlons-nous d'elle ? Et comment est-elle matière des êtres?

— Eh bien[91] !, parce qu'elle est *en puissance* !

— Ainsi donc, parce qu'elle est déjà *en puissance*, elle est déjà, par voie de conséquence, accordée à ce qui doit être ?

— Sauf que[92] son être est seulement une annonce[93] de ce qui est destiné à être ; comme si son être était ajourné au profit de cela qui sera. Ainsi, son être *en puissance* consiste à être non pas *en puissance* quelque chose, mais *en puissance* toutes choses[94]. Or, n'étant rien en elle-même hormis[95] ce qu'elle est

90. Les raisons sont les principes formels qui investissent la matière (voir particulièrement 30 [III, 8], 2-4).

91. Ἤ disjonctif au début d'une réponse.

92. Ἀλλά adversatif, comme en 4, 8, introduit une réponse. Il marque ici une restriction : ce qui vient d'être affirmé est vrai, moyennant la rectification indispensable qui va suivre.

93. Comparer 26 (III, 6), 7, 21 : « Tout ce que la matière annonce est un mensonge. »

94. Nous retrouvons ici l'opposition signalée plus tôt (n. 8 et 81) entre la conception aristotélicienne et la conception plotinienne de la puissance passive. La matière n'est pas *en puissance* une chose mais *en puissance* toutes choses, si bien qu'elle ne peut devenir *en acte* aucune chose en particulier. Elle est donc une sorte d'annonce perpétuelle, indéfiniment ajournée, et paradoxalement accordée à cela qu'elle ne sera cependant jamais elle-même, toute la difficulté étant alors de comprendre en quoi consiste exactement son rôle dans la constitution du monde et la formation des entités sensibles, comme le souligne le Commentaire, p. 121.

95. Ἀλλά peut parfois avoir le sens de ἀλλ' ἤ (Denniston, p. 3).

en étant matière, elle n'est pas non plus *en acte*. Car si elle devait être quelque chose *en acte*, elle serait cela qui est *en acte*, non pas la matière ; donc elle ne serait pas complètement matière, mais matière comme l'est l'airain[96].

*L'*en puissance *de la matière s'explique par la genèse qui est la sienne dans l'ordre des êtres*

La matière est donc ceci : non-être ; non pas non-être dans le sens de ce qui est autre que l'être, comme le mouvement ; celui-ci, en effet, est porté par l'être, existant comme à partir de lui et en lui[97] ; la matière, en revanche, est comme rejetée[98] et totalement séparée[99] et incapable de se transformer elle-même, mais ce qu'elle était dès le principe — or elle était non-être — telle elle est toujours[100]. Dès le principe[101], en effet, elle n'était pas quelque chose *en acte*, étant éloignée de la totalité des êtres, et elle ne l'est pas devenue[102] ; car n'ayant même pas été capable de se teinter des choses qui voulurent se plonger en elle, mais demeurant orientée vers autre chose,

---

96. Le chapitre 10 du traité 26 (III, 6) développe longuement ce thème. Pour demeurer matière, la matière doit rester inaffectée par ce qui se produit en elle. Retenant quelque chose d'une affection et puis d'une autre, elle ne serait plus prête à tout recevoir, sortirait de sa nature et ne serait plus indestructible (ἄφθαρτος, l. 11).

97. Énoncés similaires en 26 (III, 6), 7, 11-13 et surtout 51 (I, 8), 3, 4-9. Que le mouvement soit « autre que l'être » était déjà un acquis du *Sophiste*, 256 d 5-6. Sur cette question du non-être de la matière, voir le Commentaire, p. 136.

98. SIMPLICIUS, III, 1, p. 399, 7-18, fait référence à ce rejet de la matière défendu par PLOTIN et tente de montrer qu'il ne saurait avoir un sens littéral.

99. Dans le traité tardif 51 (I, 8) consacré au mal, où PLOTIN va plus loin dans le sens du dualisme que nulle part ailleurs dans ses écrits, la séparation radicale de la matière par rapport à toutes choses est affirmée à trois reprises (6, 38.54.58), alors qu'elle est contredite dans le traité précoce 6 (IV, 8), 6, 21-22. Mais en 26 (III, 6), 9, 38, Plotin, reprenant *Philèbe* 63 b 6-7, insiste à nouveau comme maintenant sur le fait que la matière est « seule et isolée des autres choses ».

100. Comparer ici οὕτως ἀεὶ ἔχουσα à la forme substantivée (3, 30) τὸ ἀεὶ οὕτως ἔχει (« le toujours-être-tel »).

101. Formule semblable en 26 (III, 6), 10, 11-12 : « s'il faut que la matière soit, comme elle était dès le principe, alors il faut qu'elle soit la même toujours. »

102. Littéralement : « ni n'était quelque chose *en acte* [...], ni ne l'est devenue. »

puisqu'elle est *en puissance* à l'égard des choses qui viennent à la suite les unes des autres, elle apparut lorsque les êtres intelligibles se furent déjà arrêtés et, prise par ceux qui vinrent à l'existence après elle[103], elle s'établit dernière parmi ceux-ci. Donc, ayant été prise par les deux classes de l'être, elle ne saurait être *en acte* d'aucune des deux, seul lui étant laissé d'être *en puissance*, une sorte de fantôme chétif et obscur, incapable d'être informé.

*Conclusion : l'être de la matière consiste exclusivement en l'*en puissance

Ainsi donc, elle est un fantôme *en acte* ; ainsi donc, elle est un mensonge *en acte*. Or cela est la même chose que d'être un véritable mensonge, et cela, que d'être réellement non-être. Si donc elle est un non-être *en acte*, elle est davantage non-être, et elle est par conséquent réellement non-être[104]. Il s'en faut donc de beaucoup que ce qui a sa vérité dans le non-être soit *en acte* quelqu'un des êtres. Par conséquent, si lui-même[105] doit être, il faut qu'il ne soit pas *en acte* afin que, sorti[106] de l'être véritable, il possède son être dans le non-être ; parce que si vous retirez leur fausseté aux êtres qui existent faussement, vous leur retirez ce qu'ils possédaient de *réalité substantielle*[107], et si vous introduisez l'*actualité* dans les choses qui possèdent leur être et leur *réalité substantielle* dans l'*en puissance*, vous

---

103. C'est-à-dire *après qu'elle fut apparue*.

104. Cette dernière phrase (l. 24-25) a été omise dans la traduction de Bréhier (Budé), ainsi que dans celle de Armstrong (Loeb).

105. C'est-à-dire le « ce qui a sa vérité dans le non-être » dont il vient d'être question, à savoir bien sûr la matière.

106. Comparer 26 (III, 6), 7, 10, où il est mentionné que la matière est tombée hors (ὑπερεκπίπτειν) de l'âme, de l'intellect, de la vie, de la forme, de la raison et de la limite.

107. Le terme grec rendu par « réalité substantielle » aux lignes 30 et 31 est οὐσία. Il est employé aux deux endroits en un sens large qui rejoint le sens du terme « existence » (ὑπόστασις) qui apparaît à la ligne 32 (voir la note qui suit).

anéantissez la cause de leur existence[108], puisque leur être consistait dans l'*en puissance*.

Par conséquent, s'il est vrai qu'il faut conserver la matière comme indestructible[109], il faut la conserver comme

---

108. Le terme grec que nous traduisons par « existence » est ὑπόστασις (souvent rendu en français par *hypostase*), qui ne possède pas encore chez PLOTIN, comme il l'acquerra dès PORPHYRE, « la valeur technique de désignation d'une entité placée dans un système métaphysique hiérarchique » (G. LEROUX, *Plotin, Traité sur la liberté et la volonté de l'Un*, Paris, Vrin, 1990, p. 291 ; P. AUBIN, *Plotin et le christianisme*, Paris, Beauchesne, 1992, p. 149, n. 3). Il est donc incorrect de parler de l'Un, de l'Intellect et de l'Âme comme des trois hypostases plotiniennes, ainsi que le remarquait P. HADOT dans PLOTIN, *Traité 50*, Éd. du Cerf, 1990, p. 24 : « il faudrait définitivement bannir l'expression *' les trois hypostases '* que Plotin n'a jamais employée pour désigner les trois entités dont nous venons de parler ou pour résumer sa doctrine. Le mot *hupostasis* signifie en général chez Plotin *' existence '* ou *' produit substantiel '* d'une réalité transcendante, sans que ce terme soit appliqué d'une manière technique au Bien, à l'Esprit et à l'Âme. Le titre du traité 10 (V, 1) : ' Des trois hypostases ', ne correspond pas à l'usage plotinien : il a été probablement donné à cet écrit par Porphyre. » Comme le montre AUBIN, p. 181 s., le terme apparaît souvent dans un contexte de *production* et de *génération* et, sans ressortir directement au problème de l'individuation, il « implique nettement la distinction entre la réalité en question et celle d'où elle tire son origine. Une véritable *hypostase* doit être autre que sa source » (p. 179). Dans le passage qui nous concerne, l'*hypostase* de quelque chose, c'est le fait qu'elle est ce qu'elle est, c'est-à-dire quelque chose d'identifiable et de réel. Or ce que la matière a d'identifiable et de réel, ce qui lui communique son *hypostase propre*, c'est-à-dire sa *réalité spécifique*, c'est précisément le fait de consister en l'*en puissance*. L'être de la matière est en réalité quelque chose de si ténu que PLOTIN ira même, en 26 (III, 6), 7, 13, jusqu'à parler d'elle comme d'une « aspiration à l'existence » (ὑποστάσεως ἔφεσις). Sur l'histoire de ce terme et son emploi chez Plotin, voir encore H. DÖRRIE, ΥΠΟΣΤΑΣΙΣ, « Wort und Bedeutungsgeschichte », *Nachrichten der Akad. der Wiss.* (Göttingen), Phil. Hist. Klasse, 1955, p. 35-92 ; Y. A. CHITCHALINE, « À propos du titre du traité de Plotin, ΠΕΡΙ ΤΩΝ ΑΡΧΙΚΩΝ ΥΠΟΣΤΑΣΕΩΝ (*Enn.*, V, 1) », *Revue des études grecques*, tome CV, 1992, p. 253-261, paru en russe dans *Vestnik Drevnej Istorii*, 4, Moscou, 1986, p. 118-125.

109. En professant l'indestructibilité du principe matériel, PLOTIN prolonge la tradition à la fois platonicienne (*Timée*, 52 b 1) et aristotélicienne (*Phys.*, 192 a 28 et, par rapport à l'infini auquel Plotin fait correspondre sa propre matière en 12 [II, 4], 15, *Phys.*, 203 b 8 et 13-14). L'argument de l'indestructibilité est repris en 26 (III, 6), 8, 11-12 et 10, 11 où il est lié à l'impassibilité de la matière, pouvoir pâtir, être affecté par quelque chose, étant en effet, selon Plotin, un acheminement vers la destruction (8, 9-10). La matière est donc indestructible parce qu'elle est impassible, c'est-à-dire parce qu'elle ne peut être altérée d'aucune manière. Or cette impassibilité, ce *ne-pas-pouvoir-être-altéré*, traduit en réalité un pouvoir positif de résister, une force de persistance dans l'être, et c'est pourquoi ARISTOTE attribuera l'impassibilité à ce qui est divin, dans l'esprit qu' « un être est puissant en ce que la puissance ou le principe de

matière[110]. Pour qu'elle soit ce qu'elle est, il faut donc dire, à ce qu'il semble, que la matière est seulement *en puissance*, ou bien il faut réfuter ces raisons.

---

sa destruction ne se rencontre ni dans un autre être, ni en lui-même en tant qu'autre » (*Mét.*, 1019 b 11). Telle est aussi, pour PLOTIN, la situation de la matière qui ne peut être détruite ni par elle-même ni par un autre, et qui par conséquent doit elle aussi être tenue pour impassible, étant entendu qu'il s'agit alors, plutôt que d'une persistance dans l'*être*, d'une persistance dans le *non-être*. Sur ce renversement de perspective typiquement plotinien et ses conséquences, voir le Commentaire, p. 139.

110. Littéralement : « s'il est vrai qu'il faut conserver la matière indestructible, il faut la conserver matière. »

COMMENTAIRE

On trouvera dans la Bibliographie en fin de volume les indications complètes concernant les titres des œuvres d'auteurs modernes citées dans le Commentaire, ainsi que les titres complets des œuvres d'auteurs anciens.

I

RÉFLEXION SUR LA NATURE DE L'ÊTRE EN PUISSANCE ET DE L'ÊTRE EN ACTE

1. EXPOSÉ DOXOGRAPHIQUE (CHAPITRE 1).

Aperçu général.

Comme nous l'avons déjà signalé, toute cette première section du traité 25 est essentiellement de nature doxographique. Si nous avons raison, il s'ensuit que Plotin n'adhère pas nécessairement aux thèses présentées dans ce premier chapitre et que seule la suite du traité permettra d'établir jusqu'à quel point, le cas échéant, telle ou telle idée énoncée maintenant correspond effectivement à la pensée propre de Plotin.

La section recouvre trois grands thèmes : 1°, le classement des êtres selon qu'ils sont en puissance, en acte, *ou* acte *; 2°, la question de la présence possible ou non de l'*en puissance *dans le monde intelligible ; 3°, la question de la signification de l'existence en puissance.*

Concernant le premier point, qui reste éminemment sommaire, Plotin se demande quelle est la place de l'acte, entendu comme activité, *à côté de la division binaire, classique en aristotélisme, de l'être* en puissance *et de l'être* en acte. *Le fait même de soulever ce problème d'une division au fond soit bipartite, soit tripartite de la réalité, a évidemment quelque chose d'insidieux et laisse deviner que Plotin, insatisfait de l'état de la question, se prépare à modifier en ce domaine la « vulgate » péripatéticienne.*

Le deuxième point, encore plus sommaire que le premier, se contente de rappeler la thèse, elle aussi classique, selon laquelle l'existence en puissance est incompatible avec la nature des êtres intelligibles qui, exclus du temps, ne connaissent pas le changement.

Au troisième point, Plotin s'attache à résumer les caractéristiques principales de l'existence en puissance en prenant bien soin de distinguer la puissance passive *de la puissance* active *ou* productrice. *L'être dit « en puissance » selon la puissance* passive *n'est pas puissant au sens* actif *du terme : il se contente d'éprouver un changement qu'il n'amorce ni ne produit lui-même. C'est pourquoi, explique Plotin, l'être en puissance, dépourvu de puissance active, doit être mis en corrélation, selon un rapport en quelque sorte de* statique *à* statique, *avec l'être en acte, et non avec l'être entendu comme* acte *ou comme* activité, *naturellement corrélé à la puissance active. En insistant sur cette distinction, voire sur le divorce existant entre la puissance passive et la puissance active, Plotin prépare le lecteur à sa propre vision du monde sensible, à savoir un monde pour l'essentiel dépourvu d'activité véritable.*

1. De la division générale des êtres selon qu'ils sont « en puissance », « en acte », ou « acte » (1, 1-6).

L'ouverture du traité avec sa formule : « On parle..., on parle...», annonce qu'on a affaire, avec l'être en puissance et l'être en acte, à des notions largement répandues dans le public auquel Plotin s'adresse. Ces notions, chacun le sait, relèvent au premier chef du vocabulaire aristotélicien qui pénètre peu à peu l'ensemble des milieux philosophiques et parvient à Plotin par l'intermédiaire notamment d'Alexandre d'Aphrodise. Tentons d'expliquer succinctement en quoi elles consistent.

Dans son usage non technique antérieur à Aristote[1], le terme *dunamis*, par l'intermédiaire de l'idée de « force », évoque la « nature » d'une chose, son caractère distinctif et naturel, la *dunamis* de quelque chose révélant ce qui constitue le fond essentiel de cette chose. Or cet emploi du terme, comme l'atteste Souilhé, correspond pour l'essentiel à l'usage platonicien : « Au sens philosophique, la δύναμις platonicienne peut se définir : la propriété ou la qualité révélatrice de l'être. Cette propriété se manifeste sous quelqu'un de ces deux aspects : elle est soit une activité, ou un principe d'action, de mouvement, soit un état, ou un principe de passivité, de résistance » (p. 149). Essentiellement révélatrice de l'être, la *dunamis* en arrive même, dans un texte platonicien au moins, à valoir apparemment pour l'être lui-même : « Je dis que ce qui possède une puissance, quelle qu'elle soit, soit d'agir sur n'importe quelle autre chose naturelle, soit de pâtir — même dans un degré minime, par l'action de l'agent le plus faible, et même si cela n'arrive qu'une seule fois — tout cela, je dis, existe réellement. Et, par conséquent, je pose comme définition qui définit les êtres que ceux-ci ne sont autre chose que puissance » (*Sophiste*, 247 d-e, trad. Cordero). Outre que ce texte annonce déjà la distinction aristotélicienne entre puissance *active* et puissance *passive*, il met en avant une conception pour ainsi dire « énergétique » de l'être qui n'est pas sans rappeler celle-là même d'Aristote détectant derrière différents êtres la présence à chaque fois d'une certaine puissance, puissance soit d'*agir*, soit de *pâtir*, soit encore de *résister*, c'est-à-dire au fond de continuer à être ce que l'on est (voir *Métaphysique*, Δ 12).

En corrélation avec la puissance et, à certains égards, opposé à elle, se situe l'acte. Aristote, qui ne le définit jamais comme tel[2], signale qu'il peut tout au moins être saisi par l'analogie : c'est par exemple, pour une statue de marbre, le fait d'avoir été tirée du marbre plutôt que d'exister en puissance dans le

1. Voir l'ouvrage classique mais toujours très utile de J. SOUILHÉ, *Étude sur le terme « dunamis » dans les dialogues de Platon*, Paris, 1919.

2. Voir R. BRAGUE, *Aristote et la question du monde*, Paris, 1988, p. 453.

marbre, c'est-à-dire sous la forme du *ce-qui-peut-en-être-tiré* ; pour un homme, le fait d'être *en train de bâtir* par opposition au fait d'avoir simplement la faculté de le faire, ou d'être éveillé plutôt qu'endormi, etc. Dans cette série d'oppositions, l'acte est donc chaque fois du côté de ce qui est plus élaboré par rapport à ce qui l'est moins, ou de ce qui est plus actif par rapport à ce qui l'est moins : le marbre concret (homéomère inorganique), par opposition au marbre pouvant être tiré des quatre éléments primordiaux ; le marchant, le bâtissant, par rapport au pouvant marcher, bâtir, etc., d'où la formule générale à laquelle aboutit Aristote, en *Métaphysique,* Θ 6, lorsque, après avoir énuméré différents exemples d'actes et de puissances, il déclare enfin : « l'acte est pris, tantôt comme le mouvement relativement à la puissance, tantôt comme la substance relativement à quelque matière » (1048 b 8-9).

Il est clair à partir de là que la puissance et l'acte sont des termes relatifs (voir notamment *Mét.*, 1021 a 26), ce qui est en acte d'un certain point de vue, par exemple le marbre par rapport aux quatre éléments, étant en puissance d'un autre point de vue, à savoir relativement à la statue. Mais à défaut de pouvoir les définir à proprement parler, comment comprendre plus avant ce que signifient fondamentalement les concepts *en puissance* et *en acte* ? Disons que, dans un monde foncièrement caractérisé par l'intermittence, c'est-à-dire par l'alternance du mouvement et du repos, de l'activité et du répit, les expressions « en puissance » et « en acte » désignent en fait des *états caractéristiques fondamentaux de l'Être.* L'Être en effet, à travers les multiples étants en lesquels il se « réalise », se donne toujours comme un certain complexe de puissance et d'achèvement, ou d'attente et d'acquis. Les termes « en puissance » et « en acte » signifient alors, non pas l'existence de tel ou tel être pris individuellement ou de tel ou tel *type* d'être, c'est-à-dire des objets ou des domaines d'objets proprement dits (comme on peut le penser au moins pour la catégorie de la substance, qui est la plus marquée ontologiquement de toutes les catégories), mais une *manière d'être*, un mode primitif de se manifester ou de se comporter rattaché à tout ce qui est. Aucun être n'est donc en lui-même et à lui seul l'*en puissance* ou l'*en acte* — ce qui ne veut évidemment pas dire que l'étant suprême qu'est Dieu n'est pas seulement *en acte*, comme Aristote l'affirme expressément, mais bien plutôt que l'*en acte* lui-même n'est pas un *étant* ou seulement un *étant,* celui-ci fût-il Dieu, mais aussi et en même temps un *état* propre à qualifier des étants —, cependant l'*en puissance* et l'*en acte* rejoignent et viennent effectivement caractériser tout ce qui est, et cela, dans une proportion à chaque fois différente pour chacun des étants sur une échelle allant de l'indétermination pure et simple à l'actualisation absolue.

Sans valoir pour l'Être lui-même, Aristote l'affirme fermement en *Métaphysique,* Δ 12, ces deux déterminations fondamentales sont en tout cas au plus près de ce que l'Être *est* : « *Être* et *étant* signifient encore, d'une part ce qui est en puissance, d'autre part ce qui est en entéléchie *(en acte)*, au sein des différentes sortes d'êtres dont nous avons parlé [à savoir l'Être par accident, par essence et comme vrai] : nous appelons, en effet, *voyant*, aussi bien ce qui voit en puissance que ce qui voit en entéléchie ; *savoir*, aussi bien la puissance d'actualiser son savoir que le savoir actualisé ; et *être en repos*, ce qui est déjà en état de repos comme ce qui peut être en repos. Il en est de même pour les substances : nous disons que l'Hermès est dans la pierre, et la demi-ligne dans la ligne, et nous appelons froment ce qui n'est pas encore mûr[3]. »

Dans son exposé sur la notion de puissance chez Aristote[4], Heidegger (p. 21) parle de « plis » de l'être en référence notamment à l'*en puissance* et à l'*en acte.* En reprenant l'image, on pourrait dire que ces deux manières d'être fondamentales, l'*en puissance* et l'*en acte*, sont en quelque sorte les creux et les crêtes successifs d'une feuille de papier plissée en accordéon, alors que les différents étants du monde seraient représentés par différents points disposés plus ou moins haut sur la feuille de papier selon le degré d'actualité et de potentialité qui les

3. *Mét.*, 1017 a 35-b 6, trad. Tricot.

4. M. Heidegger, *Aristote. Métaphysique Θ 1-3*, Paris, Gallimard, 1991.

caractérise, étant entendu qu'à mesure qu'on s'élève dans l'échelle des êtres les « plis » tendent à disparaître, le monde d'en haut, toujours déjà réalisé, ne connaissant évidemment plus ces alternances de réalisations et de progressions qui forment la trame même du monde sensible.

Les exemples fournis par Aristote ne laissent d'ailleurs subsister aucun doute sur la place originellement tenue par Platon dans l'élaboration de ce couple de notions : que le *savoir,* en effet, puisse être équivoquement attribué autant à celui qui est dépositaire d'une science qu'à celui qui l'exerce actuellement, qu'il y ait donc différence de la *possession* (ἕξις) à l'usage ou à l'*avoir* (κτῆσις) au sens effectif du terme, et que l'on puisse donc être dit *posséder* une science sans l'*avoir*, comme on possède un habit alors même que littéralement *on ne l'a pas* (c'est-à-dire qu'on ne le porte pas actuellement), voilà ce qui faisait déjà l'objet d'un exposé célèbre sur la science en *Théétète* 197 b s., dont Aristote s'inspire manifestement ; que l'on puisse d'autre part être doué de la vue sans que jamais, à défaut de lumière extérieure, cette vision ne devienne vision *effective* de quelque chose (c'est-à-dire vision *en acte*), voilà aussi ce qu'Aristote pouvait aisément induire, par exemple, du développement de *République* VI, 507 d s. Ce n'est donc pas uniquement le couple *puissance active-puissance passive*, mais aussi le couple *puissance-acte* lui-même dont on découvre les linéaments dans le corpus platonicien. L'on peut en effet montrer — et l'on pourra du reste le vérifier plus loin sur quelques cas concrets — que lorsque Aristote conçoit les facultés sensitives, la possession des sciences, des arts et de la vertu en terme de *dunamis*, il le fait au fond toujours en élargissant et en systématisant un usage déjà platonicien[5].

Qu'en est-il maintenant de la distinction entre l'acte, entendu comme activité, et le fait d'être *en acte* ? Ce n'est évidemment pas un hasard si Plotin soulève d'entrée de jeu la question du rapport existant entre ces deux acceptions de l'*actualité* ou, comme on voudra dire, de l'*actuosité*. Dans un

5. Voir J. SOUILHÉ, p. 164.

exposé préliminaire purement scolaire, on se serait normalement contenté de l'opposition fondamentale entre ce qui est *en puissance* et ce qui est *en acte*, sans entrer dans les raffinements concernant les différents sens possibles de l'actualité elle-même. Mais l'exposé préliminaire que nous avons sous les yeux n'est évidemment scolaire qu'en apparence. En réalité, Plotin met déjà en place les pièces argumentatives nécessaires à l'exposé prochain qu'il a en vue, où il s'agira de faire la preuve *qu'on peut parler d'activité et d'échanges au sein d'une multiplicité intelligible, donnée en outre pour toujours déjà réalisée, c'est-à-dire toujours déjà achevée*. Or cet exposé, qui ne prendra tout son sens qu'au chapitre 3, mettra justement en jeu les subtiles connexions existant, au sein de l'*actuosité*, entre l'activité et l'actualité, ou, si l'on préfère, entre l'accomplissement de l'acte et l'acte comme d'emblée accompli.

De quoi s'agit-il exactement? Le terme *energeia* (ἐνέργεια), c'est bien connu, recèle chez Aristote deux sens voisins et néanmoins à certains égards opposés. En un premier sens, est *energeia* ce qui est à l'état d'activité, ce qui est *à l'œuvre* ou *en exercice*, comme le mouvement en train de se faire, le sculpteur en train de sculpter, etc. En un second sens, est *energeia* ce qui existe concrètement à l'état achevé, par exemple telle statue concrète, telle maison, etc. Soit un changement qui est : *a)* possible ; *b)* en train de s'accomplir ; *c)* accompli, le terme *energeia* s'appliquera à la fois aux moments *b* et *c*, par opposition au moment *a* qui est dit, lui, *en puissance*.

Maintenant, comment traduire en français les moments *b* et *c* de l'*energeia*, lesquels s'excluent souvent mutuellement l'un l'autre, puisqu'on ne peut pas à la fois *être accompli* et *en train de s'accomplir* ? Le « Lalande » par exemple (p. 17, col. b), relevait la présence de cette difficulté dans la traduction du terme grec : « cette opposition [entre *être accompli* et *être en train de s'accomplir*] disparaît dans les expressions *in actu, en acte* ; cela crée souvent une équivoque[6]. » Un usage ancien recommandé

6. A. LALANDE, *Vocabulaire technique et critique de la philosophie*, Paris, PUF, 1947, 5e éd.

par le « Lalande » lui-même, et repris par exemple par Tricot, voudrait que l'on traduisît le moment *b* par « en acte », et le moment *c* par « acte[7] ». Mais cet usage n'a en fait jamais été respecté, puisqu'on parle communément de la statue *en acte,* d'un homme existant *en acte*, etc., tous cas qui désignent sans conteste le moment *c*, à savoir celui où le changement est déjà accompli, même s'il reste vrai que dans d'autres cas c'est bien l'activité proprement dite que désigne l'expression « en acte », comme lorsque l'on dit que l'ouvrier est *en acte*, signifiant par là qu'il est *en train de travailler.* À l'inverse cependant, le terme « acte », dans des locutions du type « commettre un acte », « passer aux actes » ou « passer à l'acte », désigne bien plutôt le moment *b*, c'est-à-dire l'*activité* qui se déroule effectivement ou qui va s'amorcer, que le moment *c* où la chose est accomplie. C'est pourquoi, malgré un certain flou dans l'usage ordinaire de ces termes, il paraît préférable de réserver l'expression « acte » ou « activité » au moment *b*, et l'expression « en acte » au moment *c*. Soit donc, schématiquement :

Figure 1

CHANGEMENT

Si maintenant les moments *b* et *c* s'excluent véritablement l'un l'autre, et donc que le terme *energeia* est employé homonymement à leur endroit, pourquoi ne pas utiliser un terme

7. Pour le « Lalande », voir p. 16 et 17 ; Tricot s'y réfère avec approbation, p. 209, note 3, de sa traduction de la *Métaphysique*.

propre pour chacun de ces moments, ou encore réserver par exemple *energeia* au moment *b*, et choisir un autre terme pour le moment *c* ? L'on remarque bien une inclination de ce genre chez Aristote, qui désigne en fait souvent le moment *c* par un terme distinct, celui d'« entéléchie » (ἐντελέχεια). Mais la question est alors : pourquoi Aristote utilise-t-il seulement *souvent,* et non pas simplement *toujours*[8], le terme « entéléchie » pour décrire le moment *c* ? Nous voyons à cela deux raisons principales.

La première est que toute activité est déjà en elle-même une sorte d'accomplissement, d'achèvement, par opposition à la simple *puissance*, encore pure promesse. L'on dira ainsi de quelqu'un qui gravit les deux tiers du chemin jusqu'au sommet de l'Everest qu'il a *accompli quelque chose*, alors même que la cime n'a pas réellement été atteinte. En outre, l'on dit bien que l'on *accomplit un trajet*, que l'on *accomplit une action,* sans tenir compte en réalité de l'atteinte de la fin elle-même. Chacun des moments d'une action qui n'a pas sa fin en elle-même (comme par exemple le fait de construire une maison, puisqu'on ne construit pas une maison *pour construire une maison*, mais bien pour y habiter...) est au fond déjà en soi un certain achèvement, et donc une sorte d'*entéléchie*. C'est en ce sens qu'Aristote notait que l'acte n'a de réalité qu'analogique, et que, par conséquent, « il est pris tantôt comme le mouvement relativement à la puissance (*soit par exemple celui qui bâtit par rapport à celui qui en a seulement la faculté ou la puissance, rapport donc de* mouvement *à* puissance*)*, tantôt comme la substance relativement à quelque matière *(soit par exemple la statue d'airain* versus *l'airain lui-même)* » (*Mét.*, 1048 b 8-9). Selon le point de vue, en effet, tel *état*, telle ou telle *activité* de l'être, pourra ou non être conçu comme une *entéléchie* (voir en ce sens *Mét.*, 1050 a 27-28, où Aristote remarque que si l'activité

8. Pour des exemples de variations dans l'emploi du terme « entéléchie », voir Bonitz, 253 b 46 s.

n'est pas la fin elle-même, elle est en tout cas « plus fin que la puissance »).

La seconde raison est qu'il y a des cas où précisément l'état d'accomplissement ou de perfection d'une chose n'abolit point l'activité mais au contraire la requiert expressément. Aristote parle alors d'une *activité immanente*, c'est-à-dire d'une activité qui a sa fin en elle-même, et il y voit la plus grande réalisation de l'acte lui-même, l'activité véritablement parfaite (*teleia*) par opposition à l'*action transitive*, qui au contraire *tend* vers quelque chose d'extérieur et qui donc, en tant que *mouvement vers*, est imparfaite (*atelès*, 1048 b 30), parce que d'entrée de jeu incomplète. Aristote donne comme exemples de ces activités parfaites dans lesquelles l'acte réside tout entier dans l'agent, et ne débouche par conséquent jamais sur une œuvre extrinsèque à l'agent lui-même, la *vision*, la *contemplation,* et au premier chef peut-être, la *vie*. C'est que, comme le signale Aristote, « en même temps, on voit et on a vu, on conçoit et on a conçu, on pense et on a pensé, alors qu'on ne peut pas apprendre et avoir appris, ni guérir et avoir été guéri. Mais on peut à la fois bien vivre et avoir bien vécu, goûter le bonheur et avoir goûté le bonheur. Sans cela, ne faudrait-il pas qu'il y eût arrêt à un moment donné, comme cela se produit pour l'amaigrissement? Mais, en réalité, il n'y a pas de points d'arrêt : on vit et on a vécu » (*Mét.*, 1048 b 23-27).

Qu'il n'y ait pas d'arrêt ne signifie évidemment pas qu'on ne puisse cesser de *voir*, de *vivre*, etc., mais bien que l'atteinte de la fin de l'activité n'entraîne aucunement la cessation de l'activité elle-même, au contraire du *bâtir* qui disparaît au moment où émerge enfin l'œuvre (*ergon*), par exemple la maison. La vie est, en tant que vie, complète, achevée et parfaite en chacun de ses instants (je ne serai pas plus en vie demain que je ne le suis aujourd'hui ou que je ne le fus hier), et pourtant son activité ne s'estompe point : elle est à la fois *en acte* et *acte.* Ce qui est caractéristique de ce type d'activité est qu'il fait éclater le modèle ternaire préalablement esquissé selon lequel le changement est soit *a)* possible ; soit *b)* en train de se produire ; soit c) accompli. L'activité immanente dont il est maintenant question est en effet à la fois *en train de s'accomplir* et pourtant déjà *accomplie.* Schématiquement :

Figure 2

ACTIVITÉ

a) possible	*en puissance*
	⇕
b) en train de s'accomplir	*acte, activité*
	↻
c) accomplie	*en acte*

L'on comprend par là — et c'est évidemment ce qui retiendra l'attention de Plotin — que le véritable achèvement, loin d'évacuer l'activité, n'est au fond lui-même qu'activité, le paradigme aristotélicien d'une telle activité étant bien sûr *l'activité d'immobilité* qui est celle que le Stagirite attribue à Dieu (*Éthique à Nicomaque*, 1154 b 27). Ce n'est donc pas, pour reprendre l'exemple de la vie, qu'il y ait d'abord quelque chose comme la vie en acte, la vie déjà présente, à laquelle s'adjoindrait ensuite, fût-ce même naturellement, une certaine activité : c'est au contraire que la vie *consiste totalement et n'est rien d'autre que cette activité*, de la même façon que Dieu, comme l'écrira Alexandre d'Aphrodise, n'est pas d'abord quelque chose d'autre puis activité, mais que son être même *est* activité[9]. Il s'ensuit donc, si l'on reprend les trois moments distingués dans notre schéma, que le moment *c*, l'*en acte,* n'est jamais aussi achevé et parfait que lorsqu'il consiste en *activité*, c'est-à-dire en *b*. Comment donc espérer séparer conceptuellement *b* de *c*, quand *c* n'est jamais aussi entièrement *c* que lorsqu'il consiste en *b*, sans compter que *b*, même lorsqu'il est différent de *c*, contient toujours une part de *c*, c'est-à-dire un certain degré de « *c*-tude » ?

9. *Quaestiones,* 2.6, p. 52, 15-19 Bruns.

C'est du reste ce qui fera dire à Plotin du mouvement, comme acte imparfait, qu' « il est imparfait non parce qu'il n'est pas un acte, mais parce que, totalement acte, il est aussi fait du *ce qui recommence encore et encore,* non pas pour arriver à l'actualité — puisqu'il l'est déjà — mais pour produire quelque chose, qui est autre chose après ce qu'il est lui-même, puisque ce qui est alors achevé, ce n'est pas lui-même, mais la réalité qu'il cherchait à atteindre » (42 [VI, 1], 16, 4 s.). Le raisonnement vaut bien sûr dans le cas du simple changement local (je ne *suis pas moi-même* cette destination que je veux atteindre), comme aussi de toute activité productrice (je ne *suis pas moi-même* la maison que je construis ou le livre que j'écris...). On peut ainsi invoquer deux motifs pour expliquer le caractère imparfait du mouvement : d'une part, il s'agit d'un acte qui n'a pas sa fin en lui-même, et qui s'interprète donc en ce sens sous le signe de la privation (ainsi, l'acte de bâtir n'est pas ce en vue de quoi le mouvement du bâtir s'effectue, puisqu'on ne bâtit pas pour bâtir, tandis que l'acte de vivre est bien ce en vue de quoi le mouvement ou l'activité de la vie s'effectue, puisqu'on ne vit pour rien d'autre que pour vivre) ; d'autre part, il s'agit d'un acte qui peut, justement parce qu'il ne l'*a pas déjà,* ne jamais atteindre sa fin, le mouvement *en train de s'accomplir* pouvant évidemment avorter.

L'on verra plus loin tout le parti que Plotin peut tirer de cet état de fait pour sa conception du monde intelligible, à la fois toujours *en acte* et *acte.*

2. Que ce qui est en puissance ne se trouve pas dans le monde intelligible (1, 6-10).

Plotin rappelle ici la doctrine aristotélicienne selon laquelle les réalités éternelles (c'est-à-dire intelligibles pour Plotin) ne sauraient exister autrement qu'en acte. La raison, comme Aristote l'explicite notamment en *Métaphysique* Θ 8, en est que « tout ce qui est possible peut ne pas s'actualiser. Donc ce qui a puissance d'être peut aussi bien être et n'être pas... et il est possible que ce qui a la puissance de n'être pas, ne soit pas » (1050 b 10-13). Or les êtres éternels, par le fait même qu'ils sont éternels, sont affranchis de la possibilité de ne plus être, dès lors qu'on s'entend pour dire qu'une possibilité *éternellement* irréalisable n'est pas une véritable possibilité, mais plutôt une impossibilité (voir 1047 b 3-6 ; 1050 b 9-10). Par conséquent, « tout ce qui est incorruptible existe donc en acte. Aucun être nécessaire n'existe non plus en puissance » (1050 b 18). De cette impossibilité pour les êtres éternels d'exister en puissance, Aristote conclura ailleurs à l'absence de toute composition en eux dans un passage intimement lié au thème de la matière intelligible, défendue par Plotin au chapitre 3, et qu'Aristote, bien évidemment, récuse ouvertement : « Il faut maintenant examiner, d'une manière générale, s'il est possible que les êtres éternels soient constitués d'éléments. Ils comporteraient alors une matière, car tout ce qui est formé d'éléments est composé. Si donc, de toute nécessité, un être, qu'il soit éternel ou engendré, procède des éléments qui le constituent, et si tout être devient ce qu'il devient à partir de ce qui était cet être en puissance [...] ; si, d'autre part, ce qui est en puissance est capable de passer et de ne pas passer à l'acte : dans ces conditions, le nombre, ou tout autre objet ayant une matière, quand bien même on lui accorderait une durée éternelle, serait cependant ce qui aurait pu n'être pas : comme un être qui ne dure qu'un jour ne diffère en rien, en ce qui concerne la puissance de ne pas être, de l'être qui dure plusieurs années. Mais s'il en est ainsi, la puissance de ne pas être appartiendra aussi à ce dont la durée est telle qu'elle n'a pas de limite. Ces choses ne sauraient donc être éternelles, puisque ce qui est susceptible de ne pas être n'est pas éternel. Si, d'autre part, notre présente argumentation a le caractère de vérité universelle, à savoir qu'aucune substance n'est éternelle si elle n'est en acte, et si les éléments sont la matière de la substance, aucune substance éternelle ne saurait avoir en elle des éléments dont elle est constituée » (*Mét.*, 1088 b 14-28, le contexte de la discussion étant ici la théorie platonicienne des Idées et des Nombres).

L'argument soulevé par Plotin dans notre chapitre est d'une portée nettement plus limitée que celui du Stagirite s'efforçant de bannir de la représentation des êtres premiers toute idée de composition. Il se résume en effet à faire valoir que s'il y a effectivement de l'*en puissance* dans le monde intelligible, lequel monde, pourrait-on dire, « vit » en régime d'éternité, cet *en puissance* est condamné à demeurer ce qu'il est, étant entendu que tout changement ou tout mouvement, en stricte obédience péripatéticienne, se produit nécessairement dans le temps[10]. En bref, la remarque introduite par Plotin ne dit que ce qu'elle dit : il n'y a pas de possibilité de changement de l'*en puissance* à l'*en acte* nécessitant du temps dans l'éternité intelligible, ce qui n'exclut ni une autre forme de changement ou de transformation au sein de ce monde (à savoir, non plus de ce qui est *en puissance* à ce qui est *en acte*, mais de la *puissance* à l'*acte*), ni une quelconque forme de composition au sein des intelligibles eux-mêmes. Plotin, on aura l'occasion de le constater au chapitre 3, admet sans gêne contre Aristote l'une et l'autre.

3. Ce qui est « en puissance » est entendu... (1, 10-29).

Poursuivant son exposé sur les dogmes de l'école péripatéticienne relativement aux notions de puissance et d'acte, Plotin se penche ensuite sur le rôle de la puissance dans le monde sensible en examinant successivement la puissance *passive* et la puissance *active*, les dernières lignes du chapitre, qui opèrent un bref retour sur la puissance *passive*, se présentant comme une sorte de condensé général du thème considéré. Encore une fois, il ne faut pas chercher dans tout ce chapitre la pensée propre de notre auteur, puisque celui-ci en est seulement à exposer la thèse qui sera soumise à la discussion à partir du chapitre 2. Toutefois, la *manière* dont est exposée la thèse elle-

10. Voir *Physique*, 222 b 30-31 ; 223 14-15 ; 224 a 35 ; 236 b 19 ; en 222 b 16, Aristote précise d'ailleurs que « c'est dans le temps que tout est engendré et détruit ».

même peut parfois laisser deviner la direction que prendra la réflexion de Plotin.

a) ... de ce qui est passivement puissant... (1, 10-21).

Dans cette présentation succincte de la notion de puissance *passive*, Plotin met en évidence trois éléments principaux de la doctrine : d'une part, être en puissance signifie pouvoir être autre chose après soi-même (1, 10-17) ; d'autre part, être en puissance d'un certain point de vue suppose qu'on soit en acte d'un autre point de vue (1, 17) ; enfin, le *devenir-autre* propre à l'être en puissance est un *devenir-autre* soit relatif (changement qualitatif au sens large), soit absolu (changement substantiel, c'est-à-dire génération et corruption)[1, 17-21]. Ces trois éléments seront l'un après l'autre rejetés dans la suite du traité dans la mesure où, pour Plotin, d'abord ce n'est pas ce qui est en puissance qui devient par la suite une autre chose en acte (voir le développement en 2, 2-10) ; ensuite, la matière qui est en puissance d'un certain point de vue n'est pas du tout en acte d'un autre point de vue (voir 2, 1-2 ; 4, 1-8 ; 5, 1 s.) ; et enfin, tout *devenir-autre* se ramène en définitive — et en conséquence du premier point — à un *devenir-autre* absolu (voir 2, 12-15).

b) ... et non pas de ce qui est activement puissant (1, 21-29).

Ayant énuméré certains traits caractéristiques de la puissance *passive*, Plotin s'empresse aussitôt de distinguer celle-ci de la puissance *active*. Cette dernière, insiste-t-il, ne peut être dite *en puissance* (ou passivement puissante), alors que, de son côté, ce qui est *en puissance* est plutôt à mettre en rapport avec ce qui est *en acte* qu'avec l'acte lui-même, à savoir l'activité proprement dite.

Le propre de la puissance *passive* est, selon Aristote, de pouvoir éprouver un changement *par l'action d'un autre être* — ou accessoirement de soi-même mais en tant qu'autre (*Mét.*, 1019 a 19-20 ; 1046 a 11-13). Il s'ensuit par définition que, prise seule par elle-même, la puissance passive ne peut amorcer aucun changement, et qu'en ce sens du moins, comme le souligne Plotin, l'airain ne peut être dit « puissance de la statue » (1, 23), puisqu'aucune statue (ni du reste quoi que ce soit d'autre) ne résultera jamais de l'airain seul pris en tant qu'airain. Le *patient* est en ce sens non seulement ce qui pâtit maintenant sous l'action d'un autre, mais aussi ce qui *patiente*, c'est-à-dire ce qui est en attente d'un pâtir éventuel.

Le propre de la puissance *active* est, selon Aristote, de pouvoir introduire un changement dans un autre être — ou accessoirement en soi-même mais en tant qu'autre (*Mét.*, 1019 a 15-18 ; 1046 a 10-11). Il s'ensuit par définition que la puissance *productrice* « ne saurait être dite *en puissance* » (1, 25-26), c'est-à-dire pouvoir, en même temps et selon le point de vue où elle est considérée active, éprouver un changement *par l'action d'un autre*, et l'on peut alors répéter avec Plotin que A ne peut être dit B puisqu'aucun B n'est A (l'*en puissance* ne peut être dit puissance [active], puisque cette dernière n'est rien du premier). Il est cependant quelque chose de commun à la puissance active et à la puissance passive, c'est le fait d'exister toutes deux *en réserve,* c'est-à-dire en attente des conditions requises d'exercice de leur puissance respective. On ne doit donc pas confondre puissance *active* et puissance en *exercice* pour ne pas répéter l'erreur des Mégariques, « prétendant qu'il n'y a puissance que lorsqu'il y a acte, et que, lorsqu'il n'y a pas acte, il n'y a pas puissance » (*Mét.*, 1046 b 29-30). En effet, l'on peut très bien avoir la puissance de construire et ne pas construire actuellement, et le feu avoir la puissance de fondre le métal sans pourtant en fondre actuellement. La puissance *active* n'est donc pas appelée « active » parce qu'elle est *toujours active* mais bien parce qu'elle est *toujours prête pour l'action.* Dès lors, il va de soi que si l'expression « en puissance » signifie aussi ce qui est simplement possible — comme lorsqu'on disait d'un changement (fig. 1, p. 72) qu'il était *possible*, c'est-à-dire *en puissance* —, l'on doit pouvoir alors parler d'une puissance *active* (comme du reste d'une puissance *passive*) *en puissance* ! Mais il est entendu que, comme l'énonce Aristote, « dès que, de la façon appropriée à la puissance en question, l'agent et le patient se rencontrent, il est nécessaire que l'un agisse et que l'autre pâtisse » (*Mét.* 1048 a 5-7).

Plotin signale ensuite que mettre ce qui est *en puissance* en rapport non seulement avec ce qui est *en acte*, mais aussi avec l'*acte* ou l'*activité*, revient au fond à reconnaître une *puissance* à ce qui est *en puissance*. Pourquoi cela ? De toute évidence, parce que toute activité appelle de soi une certaine puissance. L'activité n'est en effet qu'une puissance *en exercice*, une sorte de *puissance actuelle* (ainsi que la nomme par exemple L. Robin dans le « Lalande » p. 16), c'est-à-dire une puissance ayant rencontré toutes les conditions pour manifester effectivement son *pouvoir d'agir* (*Mét.*, 1048 a 18). L'on peut donc bien soutenir que l'activité révèle la puissance dans la mesure justement où elle ne se conçoit pas sans elle, cependant que la seconde, on l'a vu, peut exister sans la première.

Mais Plotin ne nie pas qu'en aristotélisme du moins, ce qui est *en puissance* puisse avoir un rapport effectif à l'*activité*, et par là, à la *puissance*. C'est sans conteste le cas, puisque Aristote professe que « la puissance active et la puissance passive ne sont, en un sens, qu'une seule puissance (car un être est puissant, soit parce qu'il a lui-même la puissance d'être modifié, soit parce qu'un autre être a la puissance d'être modifié par lui) » (*Mét.*, 1046 a 19-21). Ce que Plotin entend, c'est qu'il est en effet « meilleur et plus clair », *même en aristotélisme*, de rapporter plutôt l'*activité* à la puissance (active) qu'à ce qui est *en puissance* dans la mesure où c'est celle-là qui est la cause positive et motrice de l'activité, puisque, comme Aristote l'enseigne lui-même, « l'actif est cause au sens de source de mouvement » (*Gen. et corr.*, 324 b 13-14).

Négativement, il est vrai, rien ne pourrait agir sur quelque chose si aucune chose n'avait la puissance de pâtir de quelque chose (et en ce sens, la puissance active suppose bel et bien l'existence de la puissance passive, et toutes deux sont par suite impliquées dans l'activité), mais outre le fait qu'il existe, ainsi qu'on l'a vu dans le cas de Dieu, un agir immanent et supérieur auquel ne correspond aucun pâtir, c'est bien la puissance active du statuaire que l'on reconnaît comme la véritable cause de la statue et non l'airain, la puissance de la foudre la cause véritable du feu et non la nature du bois. C'est en ce sens que ce qui est en puissance n'a pas de puissance (d'agir), et ne peut pas, comme la puissance active, être mis directement en rapport avec l'activité : impliqué dans tout agir amorcé par un autre, l'*en puissance* n'effectue rien lui-même, de même que la matière dite en puissance et passive, et qui en un sens peut *tout devenir*, ne fait rien elle-même.

Proclus, dans ses *Éléments de théologie* (prop. 77), fait d'ailleurs écho à ce thème de l'« impuissance » de l'*en puissance* en des termes proches de ceux que l'on rencontre chez Plotin quand il écrit : « Il n'est pas dans la nature de ce qui est en puissance de s'avancer lui-même vers l'actualité, étant imparfait [...] Car ce qui est en puissance, en tant qu'il est en puissance, n'est pas en lui-même la cause de son actualisation [...] Si donc ce qui est en puissance doit exister en acte, il doit obtenir sa perfection d'un autre. » Cette dernière phrase est pour ainsi dire un décalque de celle que nous trouvons chez Plotin en 2, 33, qui sera d'ailleurs reprise en 3, 28-29.

Ce qui existe *en puissance* est donc, déjà dans la tradition péripatéticienne, plus éloigné de l'activité que ne l'est la puissance active. Chez Plotin, comme on le verra plus loin, cet éloignement se transforme bientôt en un véritable gouffre dans la mesure où l'*en puissance* — et c'est justement la nouveauté plotinienne — n'ayant plus aucune forme d'accès à l'*en acte*, est donc condamné à demeurer éternellement dans l'état qui fut à l'origine le sien.

4. Conclusion préliminaire sur la notion d'être « en puissance » (1, 29-34).

Avant d'entreprendre l'examen des différents points de doctrine considérés dans le premier chapitre, Plotin résume maintenant en quelques lignes la conception usuelle de la matière. Celle-ci, dans le vocabulaire aristotélicien déjà classique, est un *substrat* des formes. Le recours au terme de « substrat » (ὑποκείμενον) est constant chez le Stagirite et celui-ci insiste à plusieurs reprises, comme le rapporte par exemple Plotin en 12 (II, 4), 6, sur la nécessité d'un tel substrat pour penser le devenir, la matière étant en effet « le premier substrat de chaque chose » (*Phys.*, 192 a 31), et ce qui par nature « reçoit » (*Gen. et corr.*, 320 a 2), puisqu'elle est « en elle-même passive » (*ibid.*, 324 b 18).

Tandis que, pour Plotin, alors même qu'elle reçoit tout et qu'elle est en ce sens totalement passive (51 [I, 8], 3, 15), la matière demeure en vérité *impassible*, toute la polémique avec les péripatéticiens portant non pas sur le *fait*, dont tous conviennent[11], que la matière est destinée à recevoir, mais sur la modalité même de cette réception, les platoniciens soutenant pour leur part, comme le signale Alexandre d'Aphrodise[12], que la matière est en elle-même intransformable (*atrepton*) :

« Il faut se rappeler que la matière reçoit la forme en étant altérée (κατὰ ἀλλοίωσιν). Et c'est pourquoi les péripatéticiens disent que le composé est constitué *de* matière et *de* forme, parce qu'il y a altération commune des éléments simples les uns par rapport aux autres dans la genèse du composé. Mais les platoniciens soutiennent pour leur part que la matière est *intransformable* (ἄτρεπτον), en suivant les propos du *Timée* [50 B]. Ainsi, il est évident qu'elle n'est pas non plus altérée. Sans aucun doute donc, en parlant de la matière première qui est sans qualité, les platoniciens n'admettent pas qu'elle connaisse une altération. Car ce qui est qualifié est altéré du fait qu'il se départit d'une qualité pour s'en adjoindre une autre. Mais ce qui est sans qualité, comment cela pourrait-il être altéré? Pour cette raison donc, les platoniciens soutiennent que le composé n'est pas constitué *de* matière et *de* forme, puisqu'il n'y a pas altération commune des éléments les uns par rapport aux autres, mais qu'il est une forme *dans* la matière. Tandis que les disciples d'Aristote, en prenant pour exemple la matière prochaine comme les quatre éléments ou encore le sperme et les

11. Voir *Les Deux Matières*, notre commentaire en 11, 2-3 et 12, 20-26.
12. Dans SIMPLICIUS, *In Physicorum*, p. 320, 20 s. Diels.

menstrues, disent que la matière première aussi éprouve vraisemblablement une altération, et ils affirment que le composé est fait de matière et de forme, la matière, d'un côté, se changeant en forme, et la forme, de l'autre côté, se matérialisant (ὑλουμένου). »

Le commentaire d'Alexandre laisse bien voir qu'il est conçu comme typiquement platonicien de refuser la participation concrète du principe matériel dans la constitution des composés sensibles. C'est ce que Platon entendrait dans le *Timée* en disant que le réceptacle reste extérieur (ἐκτός) aux formes qu'il reçoit, qu'il est sans forme et qu'il participe de l'intelligible d'une manière très difficile à comprendre, sans toutefois se départir de sa nature propre (51 a-b) ; c'est ce que les platoniciens évoqués par Alexandre entendraient en déclarant la matière *intransformable*, et Plotin, en particulier, en la déclarant impassible, séparée, et uniquement capable d'une participation non participante ou encore non pâtissante (26 [III, 6], 14, 22 et 12, 7).

Plotin, qui ne fait pour l'instant que signaler au passage la fonction réceptrice de la matière, ne tardera cependant pas à manifester son allégeance platonicienne en niant, dès les premières lignes du chapitre 2 — le thème en étant ensuite relayé aux chapitres 4 et 5 — que la matière puisse devenir quelque chose *en acte*, ce qui n'est bien sûr qu'une autre façon de signifier qu'elle est imperméable à toute action d'un tiers sur elle, c'est-à-dire tout bonnement *impassible*, comme le déclarera sans ambages le traité 26 (III, 6) qui suit le nôtre.

2. EXPOSÉ CRITIQUE (CHAPITRE 2).

Aperçu général

Le but de la présente section du traité est de montrer la fausseté des analyses du monde sensible qui, chez les péripatéticiens, découlent de leur compréhension des concepts d'être en puissance et d'être en acte. En d'autres termes, Plotin ne nie pas qu'il y ait à la fois de l'en puissance et de l'en acte dans le monde sensible, ni donc que ces deux états fondamentaux de l'être ne soient nécessaires à l'analyse du monde sensible. Ce qu'il conteste, c'est que le rapport de l'être en puissance à l'être en acte autorise une lecture continuiste du réel. Il n'arrive donc pas, contrairement à ce que prétendent les péripatéticiens sans du reste jamais l'établir, que ce qui était d'abord en puissance devienne effectivement en acte, mais bien plutôt que tel état, non pas s'ensuit à partir d'un autre, mais advient simplement à la suite de tel autre.

Ce fait étant établi dès les premières lignes du chapitre (1-15), Plotin avertit aussitôt que le passage d'un état à un autre, avec maintien de l'identité de la réalité effectuant le transit, existe bel et bien dans le cas de l'âme. Mais justement, le passage en question ne procède pas de l'en puissance à l'en acte, mais de la puissance à l'acte, acte dont cette puissance est par elle-même capable, et par rapport auquel elle n'a donc à aucun moment été simplement en puissance. Le prétendu contre-exemple de l'âme confirme donc a contrario *l'universalité sans faille de la règle : l'en puissance ne quitte jamais l'état qui est à l'origine le sien (15-26).*

Ces réflexions permettent enfin d'entrevoir que, compte tenu du fait qu'aucun acte ne résulte de ce qui est en puissance, la succession des états alternatifs d'en puissance et d'en acte repérable dans le monde sensible est fonction de l'intervention ponctuelle de la forme comme acte du composé, étant entendu qu'au premier chef, l'acte est non pas ce qui agit en autre chose (à savoir le composé), mais ce qui résulte d'un agir opéré sur soi-même à partir de soi-même, comme seule en est capable la puissance véritable qui produit entièrement d'elle-même tous ses actes.

1. Mise à l'épreuve de la notion d'être « en puissance » dans le monde sensible (2, 1-15).

En platonicien qu'il est, Plotin doit défendre l'idée que la matière, selon le mot d'Alexandre d'Aphrodise déjà cité, est *intransformable* (*atrepton*). En d'autres termes, toute sa pensée se règle sur la sentence du *Timée,* 50 b 8 s., selon laquelle la nature du réceptacle « ne perd absolument aucune des propriétés qui sont les siennes », et « jamais, en aucune manière sous aucun rapport, ne prend une forme semblable à aucune de celles qui entrent en elle ». Si donc la matière ne peut en aucun cas s'émanciper de la condition qui est la sienne (44 [VI, 3], 2, 20), il va de soi pour Plotin que la matière ne peut rien devenir en acte, et que par conséquent sa condition d'être en puissance n'est pas, contrairement aux attentes péripatéticiennes, rendue possible par le fait qu'elle serait à d'autres égards en acte. L'on peut très bien se rendre compte à partir de ce simple exemple (voir l'Introduction, p. 22), à quelle logique d'exposition répond notre traité. La même idée selon laquelle *ce qui est en puissance d'un côté est en acte d'un autre* est en effet reprise trois fois : premièrement dans la section doxographique (1, 17-18) ; deuxièmement, ici, dans la section critique, où elle est mise en relation avec l'idée de changement en général dans le sensible (2, 1-2) ; troisièmement, dans la partie « Application » du traité, où elle est examinée en rapport avec la matière sensible. Loin d'être de simples redites, ces répétitions sont motivées par la structure même de l'argumentation développée par Plotin.

Pour Aristote, c'est bien connu, on n'est en puissance que parce qu'on existe d'un autre côté en acte, et en ce sens, l'acte est fondement de la puissance. Cela est évidemment vrai dans le cas des réalités singulières, mais également dans celui de la matière première, qui ne peut devenir en acte telle chose nouvelle qu'à partir de l'existence préalable en acte de telle autre chose[13].

Au gré de Plotin, c'est d'abord faux pour la matière, qui n'existe d'aucun point de vue en acte, mais c'est faux aussi pour les réalités sensibles en général, non pas parce qu'elles ne seraient pas, chaque fois qu'elles existent, effectivement en acte, mais tout simplement parce qu'elles ne trouvent pas dans

13. Voir *Mét.*, 1032 a 12 s. ; 1049 b 4 s. ; *Gen. et corr.*, 320 b 17-21.

l'acte qui les constitue la ressource d'un quelconque devenir autre, dans la mesure où l'acte qui les constitue n'est pas lui-même la réalisation d'une potentialité antérieure dont il résumerait le devenir.

C'est ce qu'entend Plotin lorsqu'il explique maintenant, en prenant explicitement le contre-pied de l'exposé doxographique du premier chapitre (l. 21), que l'airain ne *devient* pas davantage statue que, « dans le cas des choses qui ne subsistent absolument pas » (2, 14), une chose ne *devient* une autre chose : « la statue en tant que composé est une autre substance. Or, dans le cas des choses qui ne subsistent absolument pas, il est évident que ce qui était en puissance était totalement différent » (2, 13-15). L'exemple de ce qui, dans le changement, devient totalement différent (παντάπασιν ἕτερον, l. 15), est ainsi présenté comme le modèle sur lequel doivent être conçus tous les autres changements du monde physique. Le cas de l'airain qui devient statue n'est différent qu'en apparence de celui, par exemple, de l'air qui devient feu. Dans les deux cas, la continuité du changement est en réalité brisée puisque, comme l'affirme Plotin, « ce n'est pas ce qui est en puissance qui devient en acte » (l. 8-9).

Le modèle du changement avancé ici est essentiellement *discontinuiste*. Le monde sensible offre certes au regard une succession d'états différents les uns des autres entre lesquels l'on distingue un *avant* et un *après*, mais ces changements, le monde sensible, ou plus précisément la matière, ne les *éprouve* pas, elle les reflète seulement tout en restant elle-même inaltérée en son être.

Comment se représenter ce modèle ? Imaginons un instant que la matière est une pellicule de film[14], que les impressions sur la pellicule sont des formes ou des raisons, et que le monde sensible lui-même dans sa diversité est l'équivalent de ce qu'est au cinéma l'image projetée sur l'écran. Certes, pour ce qui concerne la vision, la continuité du changement au niveau de l'écran est réelle, comme l'est la continuité de cer-

14. Voir L. P. GERSON, *Plotinus*, 1994, p. 112.

tains états dans le monde sensible du point de vue de la perception. Pourtant, la continuité à l'écran n'est que le résultat d'une série discontinue d'images ou d'impressions sur la pellicule du film, sans que l'on puisse dire d'aucune d'entre elles qu'elle est *en puissance* celle qui vient à sa suite. Et de même que la pellicule du film reste la même en dépit de la diversité des images projetées sur l'écran dont elle est la source, de même pour Plotin la matière reste le théâtre ou le lieu d'un drame dont elle rend possible la représentation mais auquel elle ne participe pas — ou participe sans participer —, et qui la laisse donc pour sa part absolument inaltérée, seule et isolée des autres choses, ainsi que Plotin l'énonce ailleurs (26 [III, 6], 9, 37). Ce qui communique son intelligibilité au monde est donc constamment extérieur à celui-ci, comme l'impression sur la pellicule reste extérieure à l'image projetée sur l'écran. Mais évidemment, dans le monde sensible, au lieu que ce soit la pellicule qui déroule les images, ce sont les images elles-mêmes qui défilent et se succèdent sans cesse sur cette sorte de pellicule immobile qu'est alors devenue la matière. Plotin établit d'ailleurs une distinction à ce propos entre « être enflammé », comme si le substrat du changement subissait une modification, et simplement « devenir feu », c'est-à-dire présenter la forme du feu là où le feu n'était pas présent auparavant : « recevoir des formes ne veut pas dire que la matière est informée, mais que les formes y sont comme elles y sont entrées ; *est enflammé* n'est pas pris au sens propre, mais signifie plutôt *devenir feu*. Et ce n'est pas la même chose de *devenir feu* et d'*être enflammé* ; l'objet enflammé l'est par un autre, et il y a en lui une passion ; mais comment ce qui est une partie du feu pourrait-il être enflammé ? » (26 [III, 6], 12, 35-40). Or, pour Plotin, ce qui vaut pour la matière vaut évidemment aussi pour tout substrat du changement, qu'il s'agisse du bois, de l'airain ou d'autre chose, sans quoi, d'altération en altération, le réceptacle du devenir progressivement modifié ne serait plus apte à recevoir indifféremment n'importe quelle forme : « si la matière pâtissait, il lui faudrait garder quelque chose de cette passion, qui serait ou bien la passion elle-même ou bien une disposition différente de celle qu'elle avait avant l'arrivée de la passion ; alors une seconde qualité survient en elle, le réceptacle n'est plus matière, mais matière qualifiée [...]. En avançant dans cette voie, le substrat deviendra tout autre chose que la matière, en existant sous divers modes et sous diverses formes ; il n'est plus un réceptacle et il fait obstacle à tout ce qui survient en lui » (26 [III, 6], 10, 1-10).

L'on constate donc que, quel que soit le composé auquel on a affaire, le changement à survenir ne saurait impliquer une transformation du substrat dont on actualise la puissance, étant entendu que « les choses sensibles sont vides de réalité substantielle » (26 [III, 6], 12, 10-11) et que, « puisque l'être n'appartient pas également à la matière, à la forme et au couple des deux, elles ne peuvent plus avoir en commun la substance comme un genre » (44 [VI, 3], 7, 17-19). Dans le composé, explique en effet Plotin, « chacun des trois termes est un tout différent, et le degré obscur de l'être *(la matière)* ne leur est pas commun. De même, s'il s'agit de la vie, il n'y a rien de commun entre la vie végétative, la vie sensible et la vie intellectuelle. Ici aussi l'être présent dans la matière est bien distinct de celui qui est dans la forme et de celui qui est dans le composé des deux » (44 [VI, 3], 7, 26-29). C'est qu'au lieu que, comme chez Aristote, l'union de la forme et de la matière produise une unité véritablement nouvelle dans le composé, celui-ci, dans la perspective platonicienne adoptée par Plotin, ne réalise pas une union intime, un véritable « collage » (26 [III, 6], 14, 23) de l'élément matériel avec l'élément formel dont il est le produit : « C'était bien là la pensée de Platon sur la matière : la participation ne consiste pas, selon lui, en ce qu'une forme vient en elle comme en un substrat et lui imprime sa marque, de sorte qu'un composé unique vienne à l'existence combinant forme et matière qui en quelque sorte se mélangent et s'affectent mutuellement » (26 [III, 6], 12, 1-4).

Le composé sensible se réduit donc toujours, selon Plotin, à une juxtaposition d'éléments extrinsèques : « C'est d'abord que la matière ne possède ni ne reçoit la forme comme si c'était sa propre vie et son acte propre, mais la forme lui advient d'ailleurs et n'est pas quelque chose d'elle » (44 [VI, 3], 2, 22-24). Est-ce à dire, l'unité substantielle de type aristotélicien étant révoquée ou tout au moins hautement problématisée, que la différence entre changements substantiels et changements accidentels serait définitivement abandonnée par Plotin — contrairement à ce que paraît suggérer par exemple le traité 17 (II, 6) et certains passages de 44 (VI, 3) —, et qu'on ne pourrait plus appréhender dans le monde sensible qu'une concaténation d'états distincts et détachés les uns des autres, ne présentant plus aucune permanence ?

La réponse de Plotin à cette question, telle qu'elle se dégage notamment du traité complexe 44 (VI, 3), a été très diversement appréciée par les commentateurs[15]. Mais il semble que notre auteur soit parfois prêt à admettre au moins un substitut à la substance proprement dite, à savoir un conglomérat de qualités et de matière (44 [VI, 3], 8, 19-20), substitut certes imparfait et toujours difficile à saisir, mais pouvant à l'occasion jouer le rôle de substance ou de quasi-substance vis-à-vis d'autres qualités à cet égard considérées comme plus passagères ou superficielles que d'autres (44 [VI, 3], 4, 31-36), étant entendu que l'unité perçue en question est toujours précaire et, ultimement, échappe à toute saisie intellectuelle. Comme le relève Plotin, « la sensation comme l'intelligence indiquent bien que les choses sont différentes, mais sans en donner la raison, la sensation, parce que la raison ne lui appartient pas et qu'elle se borne à donner des indications différentes, l'intelligence, parce qu'elle use partout d'intuitions toutes simples et non de raisonnements pour déclarer que tel objet est tel objet » (44 [VI, 3], 18, 7-12).

Bref, dans la perspective platonicienne qui reste celle de Plotin, c'est l'appréhension eidétique des contenus de la réalité

15. Voir L. P. GERSON, *Plotinus*, p. 79-115 ; Ch. HORN, *Plotin über Sein, Zahl und Einheit*, 1995, p. 62-105.

qui seule peut fournir une assise à la pensée, et non la perception du composé instable qui, plongé dans le tumulte du sensible, n'est bon tout au plus qu'à l'éveiller. Sans doute, l'œil jurerait avoir affaire à la même réalité individuelle devant l'image d'un personnage évoluant sur l'écran de cinéma. Celui-ci, en apparence numériquement un, est en réalité *constitué* d'une suite discontinue d'impressions distinctes les unes des autres sur la pellicule. Surtout, l'œil jurerait avoir affaire dans ce cas à la vraie réalité. Eh bien, raisonne Plotin, ce que l'image projetée sur l'écran est pour l'œil, le Socrate sensible fait de couleurs et de formes l'est pour la connaissance commune qui s'imagine trouver en lui la raison de ce qu'il est. C'est un peu, explique Plotin, comme si l'on cherchait le fondement de la réalité de Socrate dans son portrait, qui n'en est pourtant qu'une approximation imagée (44 [VI, 3], 15, 30 s.). Or, ce que le portrait de Socrate est au Socrate vivant, le Socrate vivant l'est au véritable Socrate, qui est une raison, une forme à laquelle le fait d'être sensible non seulement n'ajoute rien, mais bien plutôt obscurcit la claire compréhension de ce qu'il est. Et de même que l'unité picturale de Socrate n'est qu'une représentation dégradée et trompeuse de l'unité sensible du Socrate vivant, de même l'unité présumée du composé sensible qu'est Socrate n'est qu'une représentation dégradée et trompeuse de son unité véritable qui est toute contenue dans sa raison idéelle.

Or, ce qui vaut pour le Socrate vivant vaut *a fortiori* pour les autres types de composés sensibles. L'airain avant et après la statue est-il le même airain? Répondre oui, c'est postuler que l'airain forme un véritable composé, une unité par rapport à laquelle l'unité airain-statue est un accident. C'est donc supposer que le substrat matériel dans le composé d'airain a subi une transformation qui n'est pas comparable à celle que l'airain éprouve lorsqu'il devient statue. Mais si l'on réfléchit que le prétendu composé un d'airain n'est qu'un placage d'un certain groupe de qualités sur une matière auquel a succédé un nouveau groupe de qualités formant l'airain-statue, que le premier groupe de qualités, dans la mesure où il ne présentait aucune unité réelle, aurait pu être suivi par n'importe quel autre, et le second de son côté, précédé lui aussi par n'importe quel autre, l'on comprend que le modèle du changement supposant une progression continue de l'*en puissance* à l'*en acte* ne trouve son fondement que dans la sensation et ne correspond à rien d'assignable dans la chose elle-même, ainsi que le conclut Plotin : « l'existence apparente de la substance sensible consiste en une réunion de propriétés qui sont perceptibles à la sensation et dont la sensation seule prouve l'existence » (44 [VI, 3], 10, 15-17).

2. Le contre-exemple de la puissance noétique (2, 15-26).

L'impuissance de tout ce qui existe *en puissance* à devenir *en acte* dans le monde sensible ayant été définitivement établie, reste à expliquer comment l'activité intellectuelle échappe au modèle *discontinuiste* tout juste décrit.

Elle y échappe dans la mesure où l'état d'*en puissance* de l'âme n'entretient selon Plotin qu'un rapport homonymique avec l'état d'*en puissance* des réalités sensibles, qu'on a vues ne recéler pour notre auteur aucune puissance véritable, et être incapables de quelque actualisation que ce soit. Si être *en puissance*, en bonne doctrine aristotélicienne, signifie être *passivement puissant*, c'est-à-dire avoir en soi la puissance d'éprouver un changement sous l'action de tel ou tel agent, alors il faut dire, du point de vue de Plotin, que seule l'âme est *en puissance*, puisque seule elle possède en elle-même un tel pouvoir passif de changement, au contraire d'Aristote qui reconnaît aussi un pouvoir passif à d'autres réalités (bois, airain, etc.). Dans la langue de notre traité, « être *en puissance* » pour les réalités autres que l'âme signifie simplement « être *avant* ». L'airain, on l'a vu, est en puissance statue dans la simple mesure où c'est lui, postérieurement à l'apparaître de l'airain-statue, dont on soutiendra qu'il était *auparavant* statue en puissance, le passage effectif d'un état à l'autre excluant pour Plotin toute participation réelle du sujet dit d'origine, et demeurant quoi qu'il arrive définitivement inintelligible. Or le cas de l'âme est tout autre.

Celle-ci, comme le marque expressément notre passage (l. 21-22), est « d'elle-même appropriée au savoir » (καθ' αὑτὴν ἐπιτηδείως ἔχουσα), c'est-à-dire naturellement disposée à devenir savante tout en demeurant elle-même.

Si l'on examine sur ce point la noétique aristotélicienne dont Plotin s'inspire et dont Platon, ainsi qu'on l'a noté, est le véritable instigateur (voir p. 70), l'on est forcé de constater que la *dunamis* propre à l'âme présente chez Aristote lui-même des traits particuliers. En substance, l'on constate en effet qu'Aristote distingue trois états possibles pour l'âme : soit *a)* le moment où elle est *en puissance* savante mais a besoin d'une intervention extérieure, dans ce cas l'enseignement, pour devenir savante en acte ; *b)* le moment où elle est *en puissance* savante dans la mesure où elle n'exerce pas actuellement son savoir même si elle le détient actuellement et surtout peut l'exercer à tout moment d'elle-même, sans aucune intervention extérieure ; *c)* le moment où l'âme est savante *en acte*, c'est-à-dire où elle exerce effectivement le savoir dont elle dispose (ces trois moments sont également bien distingués en *Théétète*, 198 d). Dans tous ces cas, selon Plotin, et sans doute aussi pour Aristote, l'on détecte la présence réelle d'une puissance, puissance tout d'abord pour ainsi dire *en puissance* (moment *a*), puissance ensuite *en réserve*, c'est-à-dire déjà élaborée et au fond déjà parfaite, bien que momentanément au repos (moment *b*), et enfin puissance *en exercice* (moment *c*).

Ces trois moments sont bien distingués dans un passage, canonique à cet égard, du traité *De l'âme* d'Aristote : « En un premier sens, un être est savant à la manière dont nous dirions l'homme savant, parce que l'homme compte parmi les êtres capables de savoir et de posséder la science *(moment* a*)*. En un second sens, nous appelons savant celui qui possède actuellement la science de la grammaire *(moment* b*)*. Or chacun des deux n'est pas en puissance de la même manière : le premier en ce sens que tels sont chez lui le genre et la matière, le second en ce sens qu'il est capable d'exercer sa science à volonté si aucun obstacle extérieur ne l'en empêche. Enfin vient celui qui connaît actuellement : il est en entéléchie, et sait, au sens propre, que ceci est l'A *(moment* c*)*. Les deux premiers sont donc savants en puissance : mais l'un actualise sa puissance grâce à l'altération reçue de l'étude et en passant fréquemment d'un état contraire à son opposé ; l'autre différemment, en passant de la simple possession du sens ou de la grammaire sans l'exercice, à cet exercice même » (417 a 22-417 b 1).

Il est significatif de constater que ce qu'Aristote conçoit ici comme le second sens de la puissance (moment *b*), il l'appelle ailleurs dans le traité *De l'âme* « première entéléchie », c'est-à-dire au fond première actualité de ce qui, d'autre part, peut de soi-même passer à l'acte (moment *c*) : « Mais l'entéléchie est prise en deux sens : soit comme la science *(moment* b*)*, soit comme l'exercice actuel de la science *(moment* c*)*. Il est donc clair que l'âme est entéléchie au même titre que la science. Car le fait d'être animé comporte les deux états de veille et de sommeil : la veille correspond à l'exercice de la science *(moment* c*)*, le sommeil à la possession de celle-ci sans l'exercice *(moment* b*)* [...]. Aussi l'âme est-elle l'entéléchie première d'un corps naturel possédant la vie en puissance » (412 a 22-28).

On a tout d'abord rencontré, on s'en souviendra, un premier cas de figure où l'*energeia*, entendue comme activité, s'abolissait dans l'*entelecheia* comprise comme accomplissement, les deux sens de l'*energeia* s'étant alors révélés exclusifs l'un de l'autre (fig. 1, p. 72) ; l'on a croisé ensuite une nouvelle *energeia* qui, s'exerçant dans l'immanence, était simultanément activité et achèvement, en train de s'accomplir en même temps que toujours déjà accomplie, et où donc les moments *b* et *c* étaient constamment soudés l'un à l'autre (fig. 2, p. 75) ; nous parvenons maintenant, dans le cas de l'âme, à la représentation d'une entéléchie, conçue en même temps comme une puissance, qui est indifféremment en action et en repos, ou, si l'on préfère, en exercice et en réserve. L'activité ne *s'abolit* plus dans l'acte comme dans le premier cas de figure, et ne *s'identifie* plus à l'acte comme dans le second cas de figure : elle *s'ajoute* simplement à lui sans, paradoxalement, rien lui ajouter, puisque le savant n'est pas savant, plus ou moins, selon qu'il exerce ou non sa science, mais bien parce qu'il peut *indifféremment* l'exercer et ne point l'exercer, comme le courageux, à l'exemple duquel Plotin s'attachera plus loin (2, 34 s.), ne sera pas estimé courageux, plus ou moins, selon qu'il aura ou non à manifester son courage. C'est aussi pourquoi cette entéléchie de premier niveau est comprise en même temps comme une puissance : c'est une puissance qui, nullement *en puissance* des contraires, est déjà un certain état d'*en acte*, et que l'activité qui s'y ajoute ou qui en résulte laisse parfaitement inchangée. L'on pourrait représenter la chose comme suit :

Figure 3

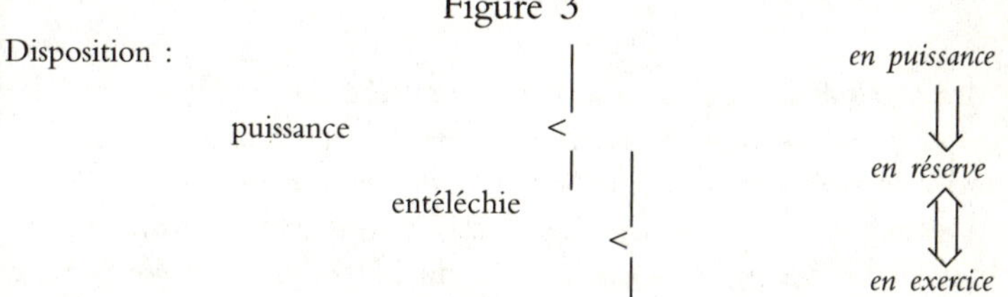

Plotin trouve donc ici l'indice du fait qu'on peut *changer*, au sein même de l'actualité, tout en demeurant le même. C'est ce qu'il cherchait, et c'est tout ce dont il a besoin.

Passer d'un état à un autre sans se transformer, aller d'une entéléchie à une autre entéléchie par simple activation de ce que l'on est, au-delà de toute altération — ou tout au moins au-delà de toute altération impliquant une quelconque *destruction* de l'état antérieur, comme Aristote l'exprime lui-même dans son *De anima*, 417 b 2-9 —, et donc changer tout en étant le même avant et après le changement, par simple application diversifiée de sa propre force, voilà le modèle explicatif que Plotin requiert pour rendre compte non seulement de la présence de l'activité au sein de la réalité en acte de l'intelligible, mais du rapport multiple et cependant toujours *actif* que ce monde intelligible entretient avec lui-même.

Le monde intelligible — et voilà sans conteste la raison de ces réflexions à propos de la puissance et de l'acte, comme Plotin l'énonce au début du troisième chapitre — n'est en définitive rien d'autre que ceci : une puissance active, combinant achèvement et activité selon le modèle de l'activité immanente décrite à la figure 2, p. 75, et se rapportant d'autre part à ses propres contenus de pensée par simple autoactivation de sa propre force, passant donc de soi-même d'un état d'entéléchie à l'autre, selon le modèle noétique tout juste esquissé (fig. 3).

3. Comment on peut parler d'un acte dans le cas du composé sensible (2, 26-31).

Le véritable sens de l'actualité s'ensuit de la découverte de ce qu'est la véritable puissance, à savoir la *puissance active* qui se rend elle-même à son acte à partir de ses propres ressources et qui est déjà, avant même de s'activer, un acte et une entéléchie. La fausse puissance est celle de l'être *en puissance* qui est condamné à rester toujours derrière l'intervention extrinsèque d'un acte qu'il n'a pas lui-même la puissance de produire et qui n'a pas, de son côté, le pouvoir de le tranformer (comparer 12 [II, 4], 8, 14-16 : « Or celui qui donne forme [à la matière], lui donne une forme *comme une chose distincte d'elle*, et une grandeur et toutes choses, en les lui apportant, pour ainsi dire, depuis les êtres véritables »). Ce qui est *en acte,* c'est le composé ; ce qui est *en puissance*, c'est le substrat, à savoir ce qui était là *avant* ; l'acte est ce qui, venant d'« ailleurs » (44 [VI, 3], 2, 24), fait qu'à la place de ce qui était là *avant* existe plutôt ce qui est là maintenant, notre perception établissant entre l'*avant* et le *maintenant* une continuité qui n'est aucunement démontrée dans la chose. Or il est de la nature de la forme d'être *acte, activité* (26 [III, 6], 4, 41-42), puisque c'est elle qui est la cause productrice de la substance (44 [VI, 3], 3, 15).

4. Du véritable sens de l'actualité (2, 31-36).

À cette actualité extrinsèque, qui s'applique au sensible sans jamais véritablement le transformer, s'oppose l'*actualité intrinsèque* de ce qui se conduit soi-même à l'acte, dont la noétique a jusqu'ici fourni le modèle, et auquel Plotin associe maintenant le vocabulaire de la vertu.

Comme l'enseignent les *Catégories* (8, 8 b 27 s.), la disposition (ἕξις) désigne une qualité stable et durable de l'individu, quelque chose, pourrait-on dire, d'acquis pour de bon (par opposition à la διάθεσις, simple manière d'être passagère). Telles sont les sciences et les vertus qui, une fois acquises, ne se perdent pas facilement. Or les dispositions ont ceci de particulier qu'elles n'ont nul besoin d'une intervention extrinsèque pour s'exercer. Le savant, au moment où il n'exerce pas sa science, est bien savant *en puissance*, mais en un sens différent de celui qui est dit savant en puissance parce qu'il est apte à recevoir d'un autre l'enseignement. À son gré, quand il le désire, le savant peut en effet actualiser sa puissance, et passer ainsi par lui-même de la connaissance en puissance à la connaissance en exercice (*De anima*, 417 a 21 s.). Il s'agit donc d'une potentialité qui est en quelque sorte déjà un acte, ou qui est une activité, mais pour ainsi dire au repos, et dont l'acte est ce dont elle est capable par elle-même, toute l'emphase étant mise (comme plus loin en 3, 28-31) par Plotin sur l'idée du *par soi-même*, qui seule libère la puissance véritable qu'il a en vue.

Sur le courage, Platon s'était déjà prononcé dans le *Lachès*, en soulignant qu'il était « une certaine puissance demeurant la même dans le plaisir, la peine et tous les autres cas... », et qu'il se caractérisait donc par une certaine *fermeté* (καρτερία) de l'âme (192 b). La disposition au courage, comme la disposition savante, ne s'envole pas dès lors qu'elle n'est plus en usage, puisqu'on peut très bien selon Platon *posséder* quelque chose sans l'*avoir* ou en *user* actuellement (c'est le sens de l'opposition, on l'a vu, entre ἕξις et κτῆσις ou χρῆσις, reprise ensuite chez Aristote sous la forme ἕξις- ἐνέργεια), la chose étant surtout vraie dans le cas de la pensée, vertu qui plus qu'aucune autre, comme Platon le précise dans la *République*, ne perd jamais sa *dunamis*, c'est-à-dire sa puissance (voir VII, 518 e 1-3), la science étant d'ailleurs elle-même « la plus puissante des puissances » (V, 477 e 1).

II

APPLICATION

1. L'INTELLIGIBLE (CHAPITRE 3).

Aperçu général

*Les réflexions préalables concernant les rapports entre l'*en puissance *et l'*en acte *d'une part, et surtout la* puissance *et l'*acte *d'autre part, ouvrent la voie à la compréhension de la nature des intelligibles et des relations qu'ils entretiennent les uns avec les autres. Compte tenu de l'existence effective d'une puissance qui est en réalité toujours déjà un acte (voir fig. 3, p. 95), et de l'existence simultanée d'une activité parachevée et néanmoins toujours en train de s'accomplir (voir fig. 2, p. 75), il est possible de se représenter en quoi consiste la vie véritable qui est la vie intelligible, vie active, à la fois polymorphe, complexe et une, et donc toujours présente à elle-même dans tous ses aspects. Cette activité de puissance sous-jacente aux êtres intelligibles permet de balayer les objections de ceux qui s'insurgent contre l'admission d'une matière au niveau intelligible, fondée qu'elle est sur une conception de la puissance qu'ils méconnaissent, et qui seule peut rendre compte des rapports variés que l'Intelligence entretient dans l'immédiateté avec elle-même.*

1. Thème général : les notions d'« en puissance », d'« en acte » et d'« acte » appliquées à l'Intelligible — retour à la doxographie initiale de 1, 1-7 (3, 1-4).

Comme Plotin nous en avertit expressément, c'est seulement ici, au troisième chapitre consacré au mode d'existence des réalités intelligibles, que les discussions préalables sur l'opposition de l'être *en puissance* et de l'être *en acte* prennent leur véritable sens. Il s'agit donc là du pivot central de tout le traité. Comme souvent chez Plotin, l'analyse du monde sensible n'a pas sa fin en elle-même et n'est entreprise que dans la mesure où elle permet d'élever le regard vers les réalités de *là-bas*. L'articulation aristotélicienne des concepts *en puissance* - *en acte*, telle qu'elle est reprise et surtout modifiée par Plotin, doit ainsi nous donner une idée ou un aperçu de ce que peut signifier la vie au sein du monde intelligible, vie non seulement achevée, c'est-à-dire *en acte* et donc toujours déjà réalisée, mais vie également en total exercice, animée dans sa totalité comme dans toutes ses parties d'une activité incessante, c'est-à-dire *acte*, comme cela s'avérera au terme du chapitre.

La question soulevée par les lignes qui nous concernent maintenant est une reprise fidèle des toutes premières lignes du traité où Plotin se donnait pour programme l'examen des notions d'*en puissance,* d'*en acte* et d'*acte* en évoquant en finale (1, 7), comme derechef ici (3, 3-4), la question de la présence possible d'être *en puissance* au niveau des intelligibles. La notion d'*en puissance* prise en elle-même ayant déjà été exposée et soumise à la critique aux chapitres 1 et 2, restaient donc deux interrogations principales, à la fois distinctes mais néanmoins liées entre elles dans l'évaluation de la nature du monde intelligible, savoir premièrement si l'*en puissance* peut trouver sa place dans ce monde, et chercher en deuxième lieu quelle est la nature exacte de l'actualité qui y préside. Plotin s'attache à la première de ces interrogations dès après le programme que constituent les quatre premières lignes de notre chapitre, ce qui lui donnera l'occasion de liquider au passage le contentieux entourant l'existence d'une matière intelligible (qui ne fait pas de doute pour lui), pour revenir à la seconde interrogation à la ligne 22.

2. L'état d'« en puissance » n'existe pas dans le domaine de l'Intelligible — retour à la doxographie initiale de 1, 7-21 (3, 4-8).

Ici encore, Plotin reprend le thème du premier chapitre où avaient été évoquées les conditions d'existence de l'*en puissance*. Celui-ci est lié au devenir, c'est-à-dire à ce qui peut être autre que ce qu'il est déjà, dans une succession d'« avant » et d'« après » (1, 13-18 ; 3, 4-5) dont le monde intelligible ignore les scansions. La chose n'est pas démontrée ou explicitée ici par Plotin, elle est tout simplement posée, affirmée dans notre traité comme un fait n'appelant aucun commentaire.

Cet argument « par le temps », ou plutôt « par l'absence de temps », est du reste constant dans l'œuvre de Plotin. Dès que la problématique de la composition des réalités intelligibles apparaît, et que la perspective d'un changement d'état au sein de la réalité composite visée affleure — comme elle le doit nécessairement en contexte aristotélicien —, l'argument « par l'absence de temps » vient sceller la discussion, éliminant par là tout germe de potentialité, comme on peut s'en rendre compte en certains passages caractéristiques. Ainsi en 10 (V, 1), 4, 16 s. : « l'Intelligence pense sans chercher parce qu'elle possède ce qu'elle pense. Son bonheur n'est pas chose acquise ; elle est éternellement toutes choses, et c'est la véritable éternité, dont le temps qui enclôt l'âme et qui abandonne le passé pour atteindre l'avenir est une imitation. En effet, dans l'âme, il y a certains êtres, puis à nouveau d'autres êtres ; elle est parfois Socrate, parfois un cheval, toujours quelque être particulier. Mais l'Intelligence est toutes choses [...] ; à nul moment, elle n'est à venir ; car, même à ce moment, elle est ; jamais non plus, elle n'est dans le passé, car, dans cette région, rien ne passe, tous les êtres y sont éternellement présents » (trad. Bréhier) ; 5 (V, 9), 6, 4-9 : « Là-bas, tous les êtres sont ensemble et néanmoins séparés. Car l'âme aussi a en elle plusieurs sciences à la fois, et il n'y a pas de confusion entre elles ; au moment voulu, chacune de ces sciences fait son œuvre propre, sans entraîner les autres avec elles [...] De même et bien plus encore, l'intelligence est tout à la fois, sans être tout à la fois, parce que chaque être est une puissance particulière » ; 45 (III, 7), 5, 19-23 : « C'est pourquoi l'éternité peut être dite [...] l'être, en tant qu'immuable, identique à lui-même, et ainsi qu'il est ancré dans la vie. Et si nous disons que cet être est pourtant fait de plusieurs, il ne faut pas s'en étonner ; chaque être intelligible est multiple, parce qu'il a une puissance infinie » ; 45 (III, 7), 3, 16-19 : « l'éternité [est] une vie qui persiste dans son identité, qui est toujours présente à elle-même dans son identité, qui n'est pas ceci puis cela, mais qui est tout à la fois, qui n'est pas une chose puis une autre, mais qui est une perfection indivisible. » Plotin rappelle d'ailleurs cet élément de doctrine quelques lignes plus loin dans notre chapitre quand il note que « l'intelligence ne passe pas de la puissance selon laquelle elle est capable de penser à l'*acte* de penser [...], *mais que le tout est en elle* » (3, 25-28).

Il n'y a donc pas, comme notre auteur le remarque à la ligne 4, de matière *là-bas*, puisqu'il n'y a pas de place *là-bas* pour le devenir, qui suppose lui-même la temporalité, dont cette région de l'être est exempte. Absence non pas de n'importe quelle matière comme le précise aussitôt Plotin, mais typiquement de celle « en laquelle ce qui est *en puissance* puisse résider ». Reste donc à considérer en quoi un certain concept de matière porté au niveau intelligible pourrait échapper aux objections qui lui sont traditionnellement adressées et auxquelles l'essentiel des développements précédents préparait la réplique.

3. Application au cas litigieux de la matière intelligible (3, 8-22).

L'existence d'une *matière intelligible* s'impose à Plotin essentiellement pour deux raisons : premièrement, parce que son existence est donnée dans la tradition comme appartenant à la pensée platonicienne ; deuxièmement, parce qu'il est nécessaire de faire intervenir deux facteurs ou deux ordres de réalités pour rendre compte du rapport de soi à soi qu'entretient avec elle-même l'hypostase de l'Intelligence, qui est une nature à la fois simple et multiple.

1. Considérons d'abord la tradition à laquelle se réfère Plotin dans ce contexte. Il est connu qu'Aristote en de nombreux passages rapporte une théorie d'après laquelle Platon faisait dériver les Idées et les Nombres à partir de deux principes, l'Un et la Dyade indéfinie, le plus caractéristique de ces passages étant sans doute celui de *Métaphysique*, 987 b 18-988 a 17 : « Les Idées étant causes pour les autres choses, [Platon] estima que les éléments des Idées [étaient] les éléments de tous les êtres ; ainsi, en tant que matière, les principes des Idées sont le Grand et le Petit, et, en tant que substance formelle, c'est l'Un [...] Que pourtant l'Un soit la substance même, et non le prédicat d'une autre chose de laquelle on dit qu'elle est une, Platon en tombe d'accord avec les pythagoriciens ; que les nombres soient les causes de la substance des autres êtres, il l'admet encore pareillement avec eux. Mais remplacer l'Infini qu'ils concevaient par une Dyade, et constituer l'Infini avec le Grand et le Petit, voilà l'apport personnel de Platon [...] Les considérations qui précèdent montrent avec évidence que Platon ne s'est servi que de deux sortes de causes : de la cause formelle et de la cause matérielle (en effet, les Idées sont causes de l'essence pour toutes les autres choses, et l'Un, à son tour, est cause pour les Idées) ; et cette matière, qui est substrat (et de laquelle se disent les Idées, pour les choses sensibles, et l'Un, pour les Idées), c'est la Dyade, c'est le Grand et le Petit... »

Il ressort de ce morceau, comme de plusieurs autres chez Aristote[16], une assimilation donnée pour platonicienne entre le

16. Pour un recueil des témoignages d'Aristote à ce propos, et ceux de nombreux autres auteurs dans la tradition subséquente, voir M.-D. RICHARD, *L'Enseignement oral de Platon*, p. 245 s.

principe matériel et soit la Dyade indéfinie, soit le Grand et le Petit, principe matériel opérant au surplus autant sur le plan sensible que sur le plan intelligible.

Cette doctrine d'une matière intelligible de mouvance platonicienne allait donc être transmise à Plotin par le moyen platonisme[17] et le néopythagorisme (Alexandre Polyhistor, Eudore, Modératus, etc.), où elle est bien attestée[18]. Aussi voit-on Plotin passer sans difficulté de la notion de matière intelligible à celle de dyade à plusieurs reprises dans les *Ennéades* : 7 (V, 4), 2, 7-8 ; 10 (V, 1), 5, 6-19 ; 38 (VI, 7), 8, 22 s. Le parallélisme est d'ailleurs frappant entre ce que dit Plotin de la Dyade en 10 (V, 1), 5, 6-8 (« Car le nombre n'est pas primitif ; l'unité vient avant la dyade ; la dyade née de l'unité est définie par elle, *mais en elle-même elle est indéfinie* »), et ce qu'il dit de la matière intelligible en 12 (II, 4), 3, 2, à savoir qu'elle est « par son propre concept informe ». C'est du reste une constante chez Plotin que de concevoir le premier moment de l'émanation à partir de l'Un comme un moment d'indéfinition, qui correspond à la phase prénoétique de l'hypostase de l'Intelligence avant qu'elle ne soit pleinement constituée (voir par exemple 12 [II, 4], 5 ; 38 [VI, 7], 16 ; 49 [V, 3], 11).

La matière intelligible est donc ce substrat en lui-même indéterminé des formes intelligibles et qui en rend possible l'unité, comme Plotin l'énonce en 12 (II, 4), 4, 15-16 : « les multiples formes dans l'unité sont en une matière, qui est cette unité, et elles sont ses formes. » Outre les chapitres 2 à 6, 15 et 16 du traité II, 4 où elle est abondamment thématisée, l'existence de la matière intelligible est mentionnée après le traité 25 en 30 (III, 8), 11, 3 ; 50 (III, 5), 6, 45 ; 51 (I, 8), 5, 30. La relative rareté et le caractère elliptique de ces occurrences ont donné à penser à certains commentateurs que Plotin avait abandonné le concept d'une matière intelligible après

---

17. Voir PLUTARQUE, *Quaest.*, 1002 A, éd. Cherniss ; NUMÉNIUS, fr. 11, éd. des Places ; CALCIDIUS, *In Tim.*, par. 295, éd. des Places, fr. 52.

18. Voir notamment A. J. FESTUGIÈRE, *La Révélation d'Hermès Trismégiste*, t. IV, *Le Dieu inconnu et la Gnose*, p. 18-53 ; J.-M. RIST, « Monism : Plotinus and some predecessors », *Harvard Studies in Classical Philology*, 70, 1965, p. 329-344.

notre traité[19]. Plus encore, le traité 25 (II, 5) lui-même marquerait selon eux le rejet de cette doctrine, dans la mesure où elle y serait présentée comme une thèse étrangère à la pensée de Plotin. Cette position, qui n'a plus guère de défenseurs aujourd'hui, et que nous avons longuement réfutée ailleurs[20], nous paraît reposer sur deux malentendus.

Premièrement, le fait que Plotin aborde toujours cette question en se plaçant en quelque sorte sur la défensive. C'est le cas dans notre traité, où elle est introduite comme par voie d'objection, mais c'était *déjà* le cas en 12 (II, 4), où l'on voyait Plotin s'efforcer de la défendre de toutes les manières possibles en tentant d'invalider une à une les critiques qui lui sont adressées. Ce n'est pas qu'il doute de son existence ; c'est qu'il sait la menace que représente son importation dans une sphère de l'être qui se distingue par son achèvement parfait et sa détermination absolue. De là cette manière dialectique d'aborder le sujet et l'incertitude qui peut naître dans notre esprit quant à la fermeté de ses convictions.

Deuxièmement, le fait que le terme « matière » appliqué à l'intelligible ne soit pour Plotin qu'une expression parmi d'autres pour se référer à ce qui émane tout d'abord de l'Un, et qui n'a pas encore reçu définition et mesure. Nous avons noté qu'il utilisait à l'occasion le terme de « dyade ». Mais d'autres appellations sont possibles : par exemple celle de « pensée » (νόησις), mais d'une pensée conçue comme quelque chose d'encore indéfini comme la vision (7 [V, 4], 2, 4 s.), vision « indifférenciée » s'entend, et conçue comme un « désir », ainsi qu'il est précisé ailleurs (49 [V,3], 11, 11-12) ; celle encore de « vie », comme il l'exprime en 38 (VI, 7), 17, 14-15 (« Au moment où la Vie commence à diriger son regard vers le Bien, elle est encore illimitée »), cette vie encore indéfinie étant elle-même appelée aussi une « énergie première »

19. Voir F. Heinemann, *Plotin : Forschungen über die plotinische Frage*, Leipzig, 1921, p. 174-176 ; Ph. Merlan, *From Platonism to Neoplatonism*, 2e éd., La Haye, 1960, p. 115-116 ; 124-127 ; 133-136.

20. Plotin, *Les Deux Matières*, p. 47 s.

(38 [VI, 7], 18, 41) ; alors que dans un autre contexte (34 [VI, 6], 3, 1 s.), ce qui tombe tout d'abord hors de l'Un est désigné comme « infini » (ἄπειρον).

Ce n'est donc pas l'expression « matière intelligible » qui importe en cette affaire mais bien la réalité que cette expression et d'autres avec elle décrivent, à savoir l'apparaître du premier émané encore indéterminé qui, se retournant vers sa source — c'est la fameuse ἐπιστροφή, la conversion du produit vers son producteur (11 [V, 2], 1, 10 ; 10 [V, 1], 7, 5 s. ; 9 [VI, 9], 2, 35) — reçoit d'elle en tant que substrat ses contenus pour former un complexe d'Idées rassemblées dans l'unité.

Il y a donc bien toujours une matière intelligible — ou son équivalent — à la base de la seconde hypostase dans la philosophie de Plotin ; son existence n'est démentie nulle part.

2. Reste maintenant la question de la nécessité doctrinale sur la base de laquelle s'impose la présence d'une matière intelligible ou de son équivalent au niveau de l'Intelligence.

Elle consiste en ceci que Plotin conçoit la seconde hypostase comme la réunion d'un ensemble d'Idées distinctes entre elles mais néanmoins réunies en une structure unitaire à la fois dynamique et transparente à elle-même. L'Intelligence est pour ainsi dire un vivant *divin* ou *céleste*, c'est-à-dire un tout structuré se rapportant à soi-même dans l'immédiateté. Plotin, dans l'explicitation du fonctionnement de cette structure, rencontre deux difficultés majeures : a) comment d'abord maintenir comme unité ce qui est donné comme divers ? b) comment ensuite penser le rapport du divers au divers au sein de cette entité comme un rapport d'identité à identité ?

a) Tournons-nous d'abord vers le problème de l'unité de cette diversité. Si chaque Idée intelligible n'était que ce qu'elle est, aucune action concertée n'émergerait d'elles toutes. Le monde intelligible ne serait pas à proprement parler un monde, comme Plotin le signale en 12 (II, 4), 4, 7 s., mais une sorte de nébuleuse diffuse et incoordonnée ! Principes ordonnateurs de notre monde sensible, les Idées doivent pouvoir agir de concert. Mais comment orchestrer cette œuvre, quand on ne dispose plus, comme dans le *Timée*, d'un Démiurge qui, avec en vue le meilleur monde possible, agence entre elles les Idées adéquates et en règle l'action ? Ce principe unificateur et ordonnateur des Idées qu'incarnait le Démiurge platonicien, Plotin le découvre dans une matière intelligible qui en est le réceptacle vivant : « la matière divine en recevant ce qui la définit, commente ainsi Plotin, possède une vie définie et intelligente » (12 [II, 4], 5, 15-16). Or l'on a vu que le premier émané de l'Un pouvait tout aussi bien porter le nom de « matière intelligible » que celui de « vie ». La matière intelligible est donc cette vie qui, en recevant les Idées, passe de l'état de vie *indéfinie* à celui de vie *définie et intelligente*. Bien sûr, avant d'être définie, la matière en tant qu'indéfinie peut paraître imparfaite, dans la mesure où elle est encore indéterminée. À cette objection, la réponse de Plotin est que le « avant » n'a ici qu'un sens *logique*, la matière intelligible n'ayant jamais comme telle été à un certain moment indéfinie. En outre, « avant » même d'être définie, la vie qu'est la matière intelligible était déjà une vie *active* et *intelligente*, puisque c'est elle-même qui se porte d'elle-même vers ce qui lui est supérieur. D'où la réflexion de Plotin, à l'effet « qu'on ne doit pas mépriser partout ce qui est indéfini, ni ce qui par son propre concept serait informe, s'il est en mesure de s'offrir aux choses qui le précèdent et aux meilleurs êtres » (12 [II, 4], 3, 1-3).

Certes, Plotin ne peut nier que la matière intelligible soit en elle-même « informe et indéfinie » (12 [II, 4], 4, 19-20), et qu'elle recèle par là une part d'obscurité (5, 13) dans la mesure où elle participe de la matérialité. Mais c'est bien pourquoi, dans son système, l'hypostase de l'Intelligence occupe la seconde place, et non la première. On ne peut donc exiger de la seconde nature la simplicité de l'Un. Il faut plutôt considérer, en tenant compte de la multiplicité des Idées qu'elle contient, ce que peut être son unité, qui dépasse celle que notre pensée discursive aperçoit dans l'univers sensible. Il faut donc penser la matière intelligible comme *immatérielle*, comme une sorte de *réceptacle nerveux* qui relie les différentes formes intelligibles entre elles et les rend toutes présentes à toutes, comme le Démiurge lui-même, en tant qu'intellect, « reçoit » en sa pensée les Idées pour pouvoir les combiner à sa guise. C'est en ce sens que Plotin peut désigner la matière intelligible comme une « substance » en 12 (II, 4), 5, 20 et comme une « forme » en 25 (II, 5), 3, 13. Elle est matière parce qu'elle *reçoit*, mais elle n'est pas matière parce qu'elle n'est pas *en puissance* ; elle est substance et forme parce qu'elle est vie et puissance active vers sa propre forme, dont elle n'est séparée que « conceptuellement » (3, 16). Donc elle est « forme des formes », en écho à la formule aristotélicienne bien connue (*De anima*, 432 a 2).

C'est ainsi que se trouve résolue pour Plotin la question de l'unité des Idées avec leur matière. Restait à montrer comment ces divers éléments se rapportent les uns aux autres dans la vie de l'Intelligence.

b) Que tout soit effectivement en tout dans l'intelligible qui est pourtant divers, voilà ce dont il faut convaincre, voilà le défi. Pour y arriver, il faut *dématérialiser* encore davantage la matière intelligible déjà *spiritualisée* que nous avons considérée jusqu'ici. Il faut non seulement que ce qui est matière soit en même temps forme, mais à l'inverse, que ce qui est forme et Idée soit en même temps matière, et ce dans une réciprocité parfaite. Il ne suffit donc pas qu'un intellect réceptacle des Idées pense des objets intelligibles, il faut que chaque Idée soit elle-même intelligence, de manière à ce qu'elles se pensent mutuellement les unes les autres et que toutes soient présentes à toutes, l'Intelligence s'assimilant alors à une sorte de structure en miroirs refermée sur elle-même et se réfléchissant elle-même infiniment en ses multiples faces. C'est à une vision semblable que Plotin nous convie quand il écrit : « Si donc la pensée de l'Intelligence concerne ce qui est en elle, ce qui est en elle est sa forme immanente, et c'est là l'Idée. Qu'est-ce donc que l'Idée? C'est une intelligence et une substance intellective ; chaque Idée n'est pas différente de l'Intelligence, mais chacune est intelligence. Et l'Intelligence totale est toutes les Idées, et chacune des idées est chacune des intelligences : de même la science complète comprend tous les théorèmes, et chaque théorème est une partie de la science complète, non pas une partie séparée spatialement, mais une partie ayant son pouvoir particulier dans l'ensemble » (5 [V, 9], 8, 1 s.).

En employant l'exemple de la science et de ses théorèmes[21], ou encore de la semence et des puissances séminales qu'elle contient à l'état indivis[22], Plotin veut rendre tangible une actualité de présence à la fois unitaire et diversifiée : « N'y trouvez rien d'incroyable. La science totale a des parties telles qu'elle persiste dans sa totalité, bien que des parties dérivent d'elle. La raison séminale, aussi, est un tout d'où viennent les parties, en lesquelles elle se trouve naturellement partagée, et chaque partie est un tout et le tout demeure un tout non diminué (c'est la matière qui divise), et toutes les parties sont une. — Dans une science, dira-t-on, la partie n'est pas le tout! — Sans doute, là aussi ce qui a été bien préparé et dont on avait besoin est une partie en acte, et cette partie est mise au premier rang ; mais toutes les autres parties laissées inaperçues en puissance s'ensuivent, et elles sont toutes contenues dans cette partie ; et c'est peut-être ainsi qu'on parle là du tout de la science, et ici de la partie ; là, toutes les parties sont pour ainsi dire en acte à la fois ; donc chacune de celles que vous voulez amener à usage est prête ; alors que dans la partie, seul est en acte ce qui est prêt, bien qu'elle soit comme renforcée par le voisinage du tout ; alors on ne doit pas se représenter cette partie comme isolée des autres théorèmes, sans quoi il ne serait plus question d'art ou de science mais d'un bavardage d'enfant. Si donc cette partie est épistémique, elle contient aussi en puissance les autres théorèmes. Ainsi en est-il du savant qui, connaissant une partie, amène avec soi comme par conséquence les autres. Ainsi le géomètre dans son analyse montre qu'un théorème contient tous les théorèmes antérieurs

21. 27 (IV, 3), 2, 50 s. ; 43 (VI, 2), 20.
22. 5 (V, 9), 6, 10 s. ; 47 (III, 2), 2, 18 s. ; 45 (III, 7), 11, 23 s.

par lesquels l'analyse se fait, et les théorèmes postérieurs qui naissent de lui. Si donc nous trouvons pareille chose incroyable, c'est à cause de notre faiblesse, et en raison de l'obscurcissement dû à notre corps ; mais dans le monde intelligible tous et chacun étincellent » (8 [IV, 9], 5, 7 s.).

Le rapport de l'Intelligence à ses contenus est donc comparable à celui de la science à ses théorèmes ou à celui de la semence à ses puissances. Comparable, donc, mais non identique, dans la mesure où, dans l'intelligible, l'activation d'une partie de l'Intelligence n'a pas pour contrepartie la désactivation, même partielle, des autres ; aucune n'est latente ou en puissance tandis qu'une autre est en acte, mais toutes sont à la fois en acte et acte.

Dans le traité qui nous occupe, le modèle sur lequel est pensé le rapport du substrat intelligible à ses contenus est celui, dégagé auparavant (fig. 3, p. 95), du savant passant non pas de l'*en puissance* à l'*en acte*, mais de la *puissance* à l'*acte*, cette puissance étant conçue comme une activité en quelque sorte au repos ou *en réserve*, et constituant donc déjà une *entéléchie*. Le rapport du substrat intelligible à ses contenus en est donc un d'entéléchie à entéléchie. Tout vit donc déjà de soi-même d'acte en acte et d'acte d'actes, dans l'achèvement sans cesse actif d'une activité qui se complaît en elle-même (fig. 2, p. 75). Comme l'écrit Plotin, « l'Intelligence est en elle-même et se possède elle-même dans l'immobilité de son éternelle satiété » (5 [V, 9], 8, 7-8). Si l'on voulait maintenant représenter graphiquement l'ensemble des puissances mobilisées par Plotin dans son système, depuis le niveau intelligible jusqu'à la matière sensible, l'on obtiendrait le résultat suivant :

Figure 4

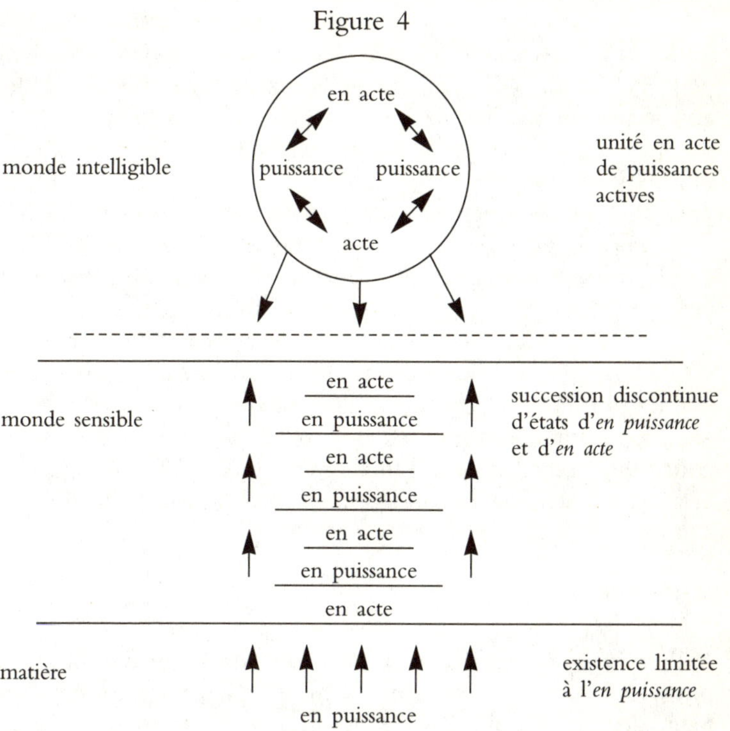

On a noté que le modèle explicatif développé par Plotin pour rendre compte de la présence diversifiée à elle-même de l'Intelligence échouait ultimement[23]. Comment concevoir en effet que l'accent mis sur une partie n'implique pas la mise en retrait d'une autre, comme dans la science où la partie comprend bien encore le tout dont elle relève, mais justement à l'état latent ? Que le savant puisse passer de soi-même, à partir de sa propre puissance, d'un contenu de connaissance qu'il *connaît* à un autre sans l'intervention d'aucun tiers, c'est un fait ; mais justement, le savant est dans le temps, et *passe* effectivement d'un contenu à un autre. Mais comment l'Intelli-

23. M. Atkinson, *Plotinus : Ennead V. 1*, 1983, p. 92.

gence peut-elle être en même temps tous ses contenus intelligibles, si ceux-ci sont distincts les uns des autres ? Comment peut-elle être à la fois les uns et les autres, quand les uns et les autres ne sont pas les mêmes ? La présence simultanée en acte d'objets intelligibles pourtant divers représente une possibilité qui dépasse notre entendement ordinaire. Et Plotin est allé aussi loin qu'il le pouvait, sur la voie de la raison discursive, pour nous la faire découvrir. La distance qui reste à parcourir est de notre ressort, puisque l'Intelligence est aussi à retrouver en nous, pour peu que nous retournions en nous-mêmes (10 [V, 1], 11-12). Ces choses-là, c'est un fait, sont toutes ensemble en acte et acte. Mais comme Plotin l'indique, par notre manière ordinaire de raisonner, « c'est nous qui les concevons les unes avant les autres en les divisant ; car autre est l'intelligence qui morcelle, autre l'Intelligence indivisible qui, ne morcelant pas, est l'être et tous les êtres » (5 [V, 9], 8, 19-22).

4. Du véritable sens de l'actualité intelligible (3, 22-40).

Le monde intelligible se donne donc, du point de vue de la puissance, comme l'inverse du monde sensible, ainsi qu'on peut aussi le déduire du début du livre VIII de la *Théologie* d'Aristote[24], où on lit : « Nous disons que l'actualité est supérieure à la potentialité dans notre monde, alors que dans le monde d'en haut la potentialité est supérieure à l'actualité. Car la potentialité qui se trouve dans les substances intellectives ne nécessite pas de transfert d'une chose vers une autre à part d'elle-même, car elle est complète et parfaite...» Ce passage traduit bien l'enjeu de la réflexion que poursuit Plotin à propos du monde intelligible. Il ne suffit pas, ainsi qu'on l'a vu, d'établir la nature actuelle des réalités intelligibles, mais il faut encore rendre manifeste le *nexus* vivant qu'elles constituent.

24. Ouvrage qui n'est pas d'Aristote et dont l'origine et la date sont incertaines ; sur ce point, voir P. THILLET, « Note sur la *Théologie* d'Aristote », *Vie de Plotin II*, p. 625-637.

Elles doivent donc être non seulement achevées et parfaites en elles-mêmes, mais aussi parcourues d'une vie et d'une activité incessantes. Or cela n'est possible qu'en vertu d'une puissance spéciale, puissance non pas qui s'achève dans l'acte, mais qui surabonde en quelque sorte de tous les actes. Il en est alors de cette puissance des intelligibles comme de la puissance de l'Un dont parle Plotin : « L'Un est puissance de toutes choses. Mais quel est le mode de sa puissance ? — Il n'est pas puissant au sens où la matière est dite *en puissance*, parce qu'elle reçoit ; car la matière est passive ; or cette manière d'être *en puissance* est à l'opposé de la puissance productrice » (49 [V, 3], 15, 32-35). L'on remarque sans peine que le concept de puissance est ambigu : il n'a pas toujours le même sens dans le monde sensible, ainsi qu'on l'a constaté ; et il a un tout autre sens dans le domaine intelligible.

La proposition 78 des *Éléments de théologie* de Proclus, qui a pour titre « Toute puissance est soit parfaite, soit imparfaite », apporte un éclairage supplémentaire à ce propos. Proclus y affirme : « La puissance qui est capable de mener à l'acte est en effet parfaite ; *car à travers ses propres activités*, elle rend les autres choses parfaites ; or ce qui peut rendre parfaites d'autres choses est lui-même plus parfait. Mais l'autre puissance, qui nécessite une actualité déjà préexistante en vertu de laquelle il y a en puissance, est imparfaite ; car elle a besoin du parfait qui réside en un autre être pour, en participant de lui, devenir parfaite ; une telle puissance est donc par elle-même imparfaite. En conséquence, la puissance parfaite est celle qui *réside dans l'actualité et qui est génératrice d'actualité* ; la puissance imparfaite est celle qui réside dans l'en puissance et qui acquiert son achèvement de celui-là qui est actuel. »

Il y a donc pour Proclus une puissance qui, étant parfaite, est un acte, mais qui, en même temps, est productrice d'autres actes. Cette puissance va donc pour ainsi dire d'acte en acte, elle est d'elle-même acte d'actes. C'est ce que Plotin avait à l'esprit auparavant (2, 32), lorsqu'il évoquait la nature propre de l'acte, à savoir l'acte qui est « corrélé à la puissance qui conduit à l'acte ». Cette puissance, que Proclus appelle parfaite, est donc celle qui, se menant elle-même à l'actualité, est déjà elle-même corrélée à une actualité, et est donc déjà en elle-même acte, ou si l'on préfère, est déjà *en état* d'actualité. Cette puissance, c'est celle qu'il attribue maintenant à chacun des êtres intelligibles qui « possèdent ce qu'ils doivent posséder à la fois d'eux-mêmes et toujours » (3, 31-32).

Cette puissance intelligible, à la fois actualisée et actualisante, est celle que Plotin désigne ultimement dans notre traité comme « vie ». L'exposé culmine donc en un écho au Vivant total du *Timée*[25] et à la vie inhérente à l'Être total du *Sophiste* (248 e s.). Le monde intelligible est un « lieu de vie[26] », où tout est vivant à la fois, où « toutes choses surabondent et, en quelque sorte, bouillonnent de vie » (38 [VI, 7], 12, 22-23). Il est nécessaire, comme Plotin l'énonce encore, que « l'Intelligence vive toutes les vies et sous tous les modes et qu'il n'y ait rien qu'elle ne vive », et cela est possible dans la mesure où « l'acte de ce qui, là-haut, est premier *(à savoir l'acte de l'Intelligence)*, est à la fois tous les actes » (38 [VI, 7], 13, 15 et 4).

La réflexion qu'a menée Plotin à partir de la conceptualité aristotélicienne de la puissance nous a permis d'approcher de la compréhension de la sphère intelligible de l'être. Mais ce modèle aristotélicien retravaillé n'avait qu'un but, nous ouvrir l'accès à la vie intelligible platonicienne, qui est la vraie révélation de l'être. Aristote n'a servi qu'à Platon ; son modèle n'est que l'antichambre, ultimement on l'a vu déficiente, du vrai ; seule la vie intelligible parfaite entrevue par Platon nous fait franchir le seuil qui conduit à l'Être véritable, et au-delà, à l'Un.

---

25. 31 a s. ; 39 d s. ; voir 5 (V, 9), 9.

26. 3, 39 ; voir aussi 23 (VI, 5), 12 ; 31 (V, 8), 4 ; 43 (VI, 2), 8, 7 s. ; 47 (III, 2), 1, 30 s.

2. LE SENSIBLE (CHAPITRES 4 ET 5).

Aperçu général.

L'état d'en puissance qui appartient intrinsèquement à la matière ne correspond nullement au concept habituel d'existence en puissance élaboré par Aristote pour elle, puisque, à tous égards, en puissance, la matière n'est jamais et d'aucun point de vue en acte et qu'elle rejoint par là la compréhension platonicienne de la matière telle qu'on peut la retracer dans le Timée. *Que la matière consiste exclusivement en l'en puissance ne la condamne pas à l'inexistence, mais lui imprime cependant un type d'existence singulier que l'on doit expliciter.*

C'est dans ce contexte qu'il est nécessaire de faire voir non pas seulement à quoi se réduit son rôle dans l'apparaître des réalités sensibles — rôle éminemment restreint puisque, comme pure annonce continuellement démentie, elle ne contribue d'aucune manière à la constitution des entités qui naissent en elle —, mais quelle place exacte lui revient dans l'ordre des êtres. Son rôle, apprend-on alors, s'ensuit naturellement de la place qu'elle occupe au sein des êtres en tant que fugueuse originelle et rejetée primitive. Rejetée et totalement séparée dès le principe, telle elle demeure par la suite en marge des autres choses, condamnée à l'en puissance, la cosmologie trouvant appui et se déployant alors en cosmogonie. Bannie des êtres aujourd'hui comme hier, le non-être spécifique qu'elle constitue sous un double rapport, vis-à-vis des êtres intelligibles comme des êtres sensibles, peut alors être exploré et déterminé plus avant.

A. L'état d'« en puissance » radical de la matière sensible : établissement de la thèse (chapitre 4).

1. Reprise de l'exposé doxographique (1, 10-21), selon lequel ce qui est en puissance sous un rapport est en acte sous un autre (4, 1-3).

Ayant résolu le problème de la puissance sise dans l'intelligible, Plotin peut maintenant revenir à la considération du monde sensible et mettre à l'épreuve du cas de la matière sensible les éléments doctrinaux introduits antérieurement.

L'exposé doxographique sur le rôle de la puissance dans le monde sensible (1, 10 s.) avait déjà signalé en passant le fait, rappelé ici, que ce qui était en puissance d'un côté était en acte de l'autre (1, 17). Cette même idée fut une nouvelle fois évoquée à propos de la matière du monde sensible au tout début du second chapitre (2, 1-2), mais Plotin passa tout de suite au problème connexe mais plus général (« et si, de manière générale, les autres choses aussi... » [2, 3]) du *passage* de ce qui est en puissance à ce qui est en acte entendu d'un point de vue aristotélicien, et le soumit à la critique. L'on vit alors que, selon lui, ce qui était en puissance ne *devenait* pas en acte, mais plutôt qu'un nouvel acte succédait à ce qui était dit auparavant en puissance par rapport à cet acte. Mais soutenir que ce qui est en puissance ne *devient* pas en acte n'interdit nullement d'admettre que ce qui est en puissance (et qui ainsi ne *devient* pas l'acte à venir), est de son côté un certain acte : c'est le cas de l'airain, qui en tant que composé est en soi un certain acte (2, 9-10), mais qui ne *devient* pas comme tel statue.

Plotin est ainsi en parfaite cohérence avec lui-même en déclarant maintenant que « tous les autres êtres qui sont *en puissance* quelque chose *(c'est le cas, on l'a dit, de l'airain)* se caractérisent aussi par le fait d'être *en acte* une autre chose » (4, 1-2). Mais la thèse ne vaut plus, comme on s'en aperçoit tout de suite, dans le cas de la matière du monde sensible.

2. Démenti apporté par le cas de la matière sensible, laquelle n'est jamais en acte (4, 3-8).

Pour pouvoir être en puissance toutes choses, la matière ne doit être aucune chose en acte, voilà la thèse plotinienne. On l'a déjà noté (voir p. 86), Plotin s'aligne sur l'enseignement de *Timée* (50 b s.), selon lequel la matière (le réceptacle) ne sort jamais de la nature qui est la sienne : « elle ne perd absolument aucune des propriétés qui sont les siennes. Toujours en effet elle reçoit toutes les choses, et jamais en aucune manière sous aucun rapport elle ne prend une forme qui ressemble à rien de ce qui peut entrer en elle » (50 b 8-c 1). Le motif invoqué par Platon est que, pour ne pas faire obstacle à ce qu'il reçoit, le réceptacle doit tout d'abord n'avoir pas de lui-même aucune forme particulière, et ensuite ne pas épouser une forme pouvant gêner la réception des autres formes (50 d 4 s.).

C'est précisément ce que défend Plotin pour qui la matière doit rester matière (12 [II, 4], 8 ; 26 [III, 6], 10), et ne peut donc en aucune façon devenir airain, comme il l'énoncera plus loin en 5, 8. Ce qui advient en elle est donc toujours autre que ce qu'elle est elle-même (44 [VI, 3], 2, 23-24), et c'est pourquoi elle est quant à elle « incapable d'engendrer d'autres choses » (44 [VI, 3], 2, 32-33), et donc « stérile » (26 [III, 6], 19, 25 et 29).

À cette même difficulté, Aristote répondait tout autrement. La matière non seulement peut, mais devient effectivement quelque chose, et ce qui est réalisé d'une certaine manière ne peut en effet devenir n'importe quoi d'autre, mais cette règle est compensée chez lui par le fait que la génération d'une chose est en même temps la corruption d'une autre (*Gen. et corr.*, 318 a 23-25), tant et si bien que la matière devenue là quelque chose, peut néanmoins devenir ici autre chose, et ce dans un enchaînement sans fin.

3. Ne jamais être « en acte » n'implique pas que l' on n'existe pas (4, 8-14).

Le postulat selon lequel la matière est toutes choses en puissance, mais rien en acte, soulève immédiatement la question de son statut *ontologique*.

On a vu que la matière était stérile, qu'elle ne produisait rien et n'entrait dans la constitution de l'être d'aucune chose. Plotin ajoute ici qu'elle est non-être par rapport aux choses qui sont dans le sensible et qui elles-mêmes sont dites « faussement exister » (4, 16), et non-être aussi par rapport aux formes, qui sont de nature intelligible, la matière intelligible elle-même étant, on le sait, de nature formelle. Donc ni être intelligible ni être sensible, que peut-elle être encore? Plotin stipule que rien n'empêche pourtant qu'elle soit « quelque chose d'autre ». En 12 (II, 4), il explique que la matière est ce qui reçoit (11, 1-2 ; 12, 15-16). Attention toutefois. La matière n'est pas n'importe quel réceptacle, mais elle est un substrat « invisible et inétendu » (12, 23), c'est-à-dire que la forme apportant tout avec elle, à la fois les qualités et même la grandeur (8, 23 s.), la matière ne reçoit pas à proprement parler *dans* l'extension (comme un vase recevrait dans l'extension préexistante qui est la sienne), mais elle reçoit, si l'on peut dire, *dans l'extension l'extension elle-même*, puisqu'elle est, soutient Plotin, un « volume vide » (11, 28). Étant en quelque sorte la « matière du volume » (11, 34-35) et le « réceptacle de la grandeur » (11, 37), on en arrive à penser que la matière est à ce point réceptive, qu'elle reçoit même l'extension qui la rend apte à recevoir !

Il s'ensuit évidemment que la matière n'est rien de déterminé par elle-même ; elle reçoit, docile et tel qu'il se donne, le principe formel qui l'informe (8, 20) ; donc elle n'a aucun caractère propre, ou plutôt son caractère propre consiste à être toujours autre que tous les autres (13, 28) ; son existence est de ce point de vue uniquement relationnelle. La matière première aristotélicienne aussi, remarquera-t-on, est relationnelle, puisqu'elle est toujours autre. C'est exact, mais elle est toujours autre en puissance en étant chaque fois quelque chose d'autre en acte ; tandis que la matière plotinienne est toujours autre en n'étant jamais rien en acte : elle est un relationnel pur. Elle fait seulement que ce qui est reçu, et qui est reçu tel qu'il veut être reçu, est reçu ; c'est tout ce que la matière « donne » ou « fournit » au composé, mais elle est la seule à pouvoir le faire, car la forme ne peut se recevoir elle-même ; la matière fait donc que les raisons formelles qui apportent absolument tout avec elles ne demeurent pas uniquement des raisons formelles mais deviennent textures et corps. La seule chose qu'on ne peut exiger des raisons formelles, c'est justement de ne plus être de constitution formelle ; il est donc besoin pour cela d'une entité d'une nature complètement différente : telle est la matière, et il suffit pour cela — du moins dans la perspective présente, car l'on verra plus loin le besoin qu'éprouve Plotin de *substantifier* davantage cette altérité pure apparemment complètement docile et neutre — qu'elle soit autre que tous les autres.

4. Aperçu de la genèse de la matière (4, 14-18).

La qualité de non-être de la matière étant pour l'instant établie, Plotin développe à partir de ce point ce qu'on peut appeler un *argument d'ordre génétique*. La nature de la matière est bien celle qui vient d'être exposée, et ce qui le démontre, ou plutôt ce qui en apporte une preuve supplémentaire, c'est sa provenance. *La matière est l'être qu'elle est parce qu'elle a l'origine qu'elle a*, tel est le ressort de l'argument introduit ici par Plotin. C'est en effet parce qu'« elle a fui la nature des êtres véritables » qu'elle ne peut être comptée parmi eux, et qu'ayant fui cette nature, elle ne peut être une « image de la raison » comme le sont les réalités sensibles qui n'ont pas fui les êtres véritables mais qui, au contraire, en dépendent. Or, comme ce sont les êtres véritables, à savoir les êtres intelligibles, qui sont à la fois en acte et acte, et que c'est exclusivement d'eux, ainsi qu'on l'a vu, que les êtres sensibles tiennent leur actualité, il s'ensuit naturellement que la matière *ne peut avoir accès à l'actualité*.

L'*épisode cosmogonique* que nous rencontrons à cette étape du traité n'est donc nullement adventice, mais résulte au contraire de la structure logique de l'exposé. Que la matière ne soit en acte d'aucune manière et qu'elle ne fasse partie ni des intelligibles ni des sensibles était déjà un point acquis dans les lignes précédentes. Le fait lui-même, en d'autres termes, était déjà établi, et Plotin aurait pu en rester là. Mais au-delà de l'établissement du fait il y a l'éclairage du motif, beaucoup plus important. Le statut ontologique singulier de la matière dans l'ordre des réalités trouve alors son explication et sa corroboration dans la singularité absolue de son origine. Si elle est différente et se comporte de manière différente de tous les autres êtres, c'est que sa provenance et son mode d'apparaître ne sont eux non plus assimilables à ceux d'aucun autre être. L'altérité ontologique de la matière trouve donc sa raison et son fondement ultime dans son altérité génétique ou d'origine. Elle est autre que tous les autres parce qu'elle advient à l'existence autrement que tous les autres et, plus encore, émergeant *à part* comme elle émerge, elle ne peut plus espérer rejoindre le mode d'existence des autres choses qui sont soit formes, soit tributaires de la forme. Les deux aspects sont liés entre eux, comme Plotin l'énonce en 26 (III, 6), 13, 21-29 : « Puisque cette nature dont nous parlons ne doit être aucun des êtres, mais qu'elle doit s'être totalement *échappée de la substance des êtres véritables* et être *complètement différente* — car ces êtres véritables sont des raisons et sont des êtres authentiques —, il est nécessaire que la matière, par cette différence qu'elle a reçue, veille à sa propre préservation ; il est nécessaire qu'elle soit non seulement non réceptive des êtres, mais aussi, s'il y a quelque image d'eux, qu'elle n'en ait pas part en se l'appropriant ; car c'est de cette façon qu'elle sera absolument différente ; sans quoi, en laissant s'installer en elle une forme, elle deviendrait autre en conjonction avec elle et cesserait d'être différente et un lieu pour toutes choses et le réceptacle d'absolument n'importe quoi. »

Le sens du propos est parfaitement clair : dans la mesure où elle est la *fugueuse originelle*, l'« échappée » (26 [III, 6], 13, 22-23) ou la « rejetée » (5, 11) et la « totalement séparée » (5, 11-12) d'origine, tout cela en fait qui constitue son être, la matière ne peut, sans se renier ni sans cesser d'être ce qu'elle est, endosser une forme étrangère à elle-même. C'est donc cette naissance à la fois hautement singulière et énigmatique qui marque pour ainsi dire à jamais son destin et son être :

séparée dès l'origine, séparée elle devra demeurer toujours, à jamais inapte à l'acte.

Mais Plotin n'a fait pour l'instant qu'effleurer la question de l'origine de la matière et le problème de sa non-existence. Les deux objets demandent une plus ample considération que va dès maintenant, en conclusion du traité, leur accorder le chapitre 5, étroitement rattaché à celui qui le précède.

B. L'état d'« en puissance » radical de la matière sensible : reprise et approfondissement de la thèse (chapitre 5).

1. L'état d'« en puissance » de la matière sensible confine celle-ci au rôle de pure annonce (5, 1-8).

Avant d'aborder la déficience ontologique propre à la matière, liée qu'elle est à son défaut d'origine, Plotin s'attarde un instant encore sur l'état d'*en puissance* radical qu'est celui de la matière. Il s'agit essentiellement ici de prévenir toute méprise concernant ce qu'on pourrait appeler la *préparation* de la matière par rapport à *cela qui sera*, et qu'elle ne sera pas elle-même, puisqu'elle est condamnée à demeurer ce qu'elle est. En quoi consiste donc cette *préparation* ? En quoi la matière s'accorde-t-elle à ce qui doit être (5, 3) ?

La matière ne peut sortir de sa nature (26 [III, 6], 13, 10), on le sait, et Plotin le rappelle encore ici (5, 6) ; elle n'engendre rien et ne contribue aucunement au composé qui trouve son siège en elle. Comment s'accorde-t-elle donc à ce qui doit venir à l'existence? Elle s'y accorde en se pliant à la qualité et à la quantité de ce qui vient en elle, qu'elle ne sera pas elle-même, mais auquel elle assure un siège en quelque sorte mouvant et ductile ; elle est « forcée de courir avec la grandeur qui vient en elle et de s'offrir à elle tout entière et partout » (26 [III, 6], 17, 33-34 ; *cf.* 18, 20). Puisqu'elle est un lieu pour toutes choses, son rôle se limite à être à la disposition de tout, à s'offrir à ce qui doit venir (26 [III, 6], 18, 38-

41). Telle est sa participation non participante, comme la dénomme Plotin (26 [III, 6], 14, 21-22) ; elle se plie à tout, comme la cire peut prendre toutes les formes sans devenir autre chose qu'elle-même, sans rien gagner ni perdre de la présence ou de l'absence de telle ou telle forme, impassible malgré tout ce qu'elle « subit » et toutes les dimensions qu'on lui communique (26 [III, 6], 9, 7 s.) ; voilà donc de quelle manière limitée, conclut Plotin, « la matière devient la cause de la génération » (27 [III, 6] 14, 34-35).

2. L'état d'« en puissance » de la matière s'explique par la genèse qui est la sienne dans l'ordre des êtres (5, 9-22).

Plotin reporte à nouveau son attention, en étroite liaison avec sa qualité de non-être intrinsèque, sur le déroulement de la génération de la matière dans l'économie générale de la production des êtres. L'exposé est cependant ici plus étoffé que celui qui le précédait (4, 14-18), dans la mesure où il contient des éléments d'information non seulement sur le premier *moment* de l'émergence de la matière, mais également sur son « comportement » ou son mode d'apparaître subséquent. Plus étoffé, le présent passage n'en demeure pas moins relativement obscur, d'abord parce qu'il ne cadre pas point par point avec d'autres aperçus du même genre égrenés dans plusieurs traités des *Ennéades*, ensuite parce qu'il laisse sans réponse maints aspects du procédé global de génération lui-même.

La matière, explique tout d'abord Plotin, est non-être, mais non-être en un sens précis, d'ailleurs déterminé par son origine. Non-être, « non pas [...] dans le sens de ce qui est autre que l'être, comme le mouvement », mais comme ce qui est « rejeté et totalement séparé ». Le non-être comme mouvement renvoie évidemment à la discussion du *Sophiste* où Platon élabore la distinction entre ce qui est le contraire de l'être (ne pas être d'aucune manière), et ce qui est simplement autre que l'être : « Toutes les fois que nous parlons du non-être, nous ne parlons pas, à ce qu'il semble, de quelque chose de contraire à l'être, mais seulement de quelque chose d'autre que l'être » (257 b 1-3). Ce qui est autre que l'être (et en ce sens non-être), est ce qui, sans valoir pour l'être lui-même, n'est pas pour autant non existant ; ainsi le mouvement n'est pas tout l'être, puisque tout existant n'est pas mouvement, « mais il existe aussi, du fait qu'il participe à l'être » (256 a 1), comme le repos « est » aussi, par participation à l'être et tout en étant différent et même contraire au mouvement (250 a 7). Le non-être que l'on peut appeler *relatif* est donc celui qui, tout en étant quelque chose, est en même temps une négation de l'être parce qu'il est *autre* que lui, la règle valant non seulement pour le mouvement, mais aussi pour tous les autres genres de l'être : « Il est donc nécessaire qu'il y ait du non-être en ce qui concerne non seulement le mouvement mais aussi tous les autres genres. Car la nature de l'autre, en rendant chaque genre autre que l'être, en fait un non-être, et, selon le même principe, nous dirons avec justesse qu'ils sont tous des non-êtres, et, inversement, qu'ils existent et sont des êtres, parce qu'ils participent à l'être » (*Sophiste*, 256 d-e, trad. Cordero). C'est donc en raison de cette participation des différents genres à l'être évoquée par Platon, que Plotin peut dire du non-être relatif qu'est le mouvement, qu'il est « porté par l'être, existant comme à partir de lui et en lui » (5, 10-11).

Mais la matière, insiste Plotin, est non-être en un autre sens, en tant qu'elle est « rejetée et totalement séparée », et ce « dès le principe ». Et elle reste toujours ainsi, à l'état de non-acte et comme éloignée de la totalité des êtres. Que signifie cette sorte d'*arrachement originel* de la matière par rapport à la totalité des êtres? Un peu plus loin, Plotin revient encore sur l'idée que la matière « est sortie de l'être véritable » (5, 28), et, l'on s'en souviendra, le chapitre 4 mentionne de façon semblable que la matière « a fui la nature des êtres véritables » (4, 15). Ce type de remarque se rencontre ailleurs dans les *Ennéades*, par exemple en 12 (II, 4), 15 où, à deux reprises (l. 23 et 27), est mentionnée la fuite de la matière alors identifiée à l'infini. Il faut citer tout le passage concerné : « La matière est donc nécessairement l'infini, et non pas infinie de cette manière, comme par accident, et parce que l'infini survient en elle accidentellement. Car, d'abord, il faut que ce qui survient par accident soit une raison ; or l'infini n'est pas une raison. Ensuite, en quel être l'infini surviendra-t-il comme accident ? Dans la limite et dans ce qui est limité. Mais la matière n'est pas quelque chose de limité, non plus qu'elle est limite. Et, en venant dans ce qui a été limité, l'infini détruira sa nature ; alors, l'infini n'est pas un accident de la matière ; la matière elle-même, alors, est l'infini. Parce que dans les intelligibles aussi la matière serait l'infini et serait engendrée par l'infinité ou par la puissance ou par l'éternité de l'Un, non pas que l'infinité soit en celui-là, mais il la produit. — Comment donc l'infini est-il là-bas et ici ? — C'est que l'infini aussi est double. — Et comment diffèrent-ils ? — Comme le modèle et l'image. — Celui d'ici est-il donc moins infini ? — Non, il l'est davantage ; en effet, plus il est image, *ayant fui l'être et le vrai*, plus il est infini. Car l'infinité, dans ce qui est moins déterminé, est davantage infinité. En effet, le moins dans le bien est un plus dans le mal. Ainsi donc, l'infini là-bas, qui est davantage être, est infini en tant qu'image, tandis que l'infini ici, qui est moins être, *plus il a fui l'être et le vrai et a sombré dans la nature de l'image*, plus il est véritablement infini » (10-28).

Ce passage apporte un éclairage supplémentaire très précieux à celui qui nous retient maintenant. L'infini-matière du niveau sensible y est décrit en une sorte de continuité marquée d'une rupture avec l'infini-matière du niveau intelligible ; l'infini-matière du niveau sensible est apparu parce qu'il a *sombré* (le verbe est καταρρεῖν [l. 28], « couler », « tomber », etc.) *dans la nature de l'image et a fui l'être et le vrai.* C'est l'infini-matière de là-bas, qui n'a pas fui l'être et n'a pas sombré, qui est davantage être (l. 26), tant et si bien que par un curieux renversement de perspective, c'est l'infini intelligible de là-bas, qui est davantage être, qui est infini comme image (l. 26), et c'est l'infini d'ici, qui a sombré dans la nature de l'image, qui devient en quelque sorte le paradigme de l'infini, alors qu'il a moins d'être.

L'impression qui se dégage de ce morceau est alors celle d'une *continuité brisée* allant de l'infini d'en haut à l'infini d'en bas, associée au thème de la fuite par rapport à l'être. De manière voisine, notre traité parle d'une *fuite* (4, 15), d'un *rejet* (5, 11), d'une *séparation* (5, 12) ou d'une *sortie* (5, 28) de la matière par rapport aux êtres véritables, dont fait évidemment partie l'infini-matière intelligible! La suite de notre traité ne parle cependant pas d'un rapport entre deux infinis ou entre deux matières, mais plutôt de ce qui advient à la matière sensible *après* son échappée, « apparaissant » (5, 18) après l'arrêt des intelligibles et étant « prise », ou « attrapée » (5, 18 et 20 ; *cf.* 47 [III, 2], 4, 18) par les deux classes d'êtres.

Le même type de raisonnement, on l'avait déjà relevé (p. 120), est invoqué dans le traité 26 (III, 6) qui suit immédiatement le nôtre. On y affirme que la matière « doit s'être totalement *échappée de la substance des êtres véritables* et être *complètement différente* » (13, 22-23). L'on précise aussi dans ce traité, comme du reste dans le nôtre (5, 14), que la matière doit demeurer ce qu'elle était « dès le principe » (26 [III, 6], 11, 18). Ces divers passages, éclairés par la thématique des deux infinis en *continuité brisée* l'un par rapport à l'autre, suggèrent donc que l'origine de la matière sensible est le résultat d'une fuite ou d'un rejet de cette partie d'infinité venue de l'Un qui, fuyant l'être et le vrai, « a sombré dans la nature de l'image » (12 [II, 4], 15, 27-28), alors que l'infini intelligible est resté au niveau intelligible. Et c'est cette infinité-matière du sensible qui, après son échappée, serait « prise par ceux qui vinrent à l'existence après elle » (5, 18-19), c'est-à-dire par les formes qui occupent le monde sensible et investissent la matière, celle-ci s'établissant « dernière parmi ceux-ci » (5, 19), c'est-à-dire leur offrant le siège dont ils ont besoin et remplissant le rôle cosmologique qui lui est dévolu. L'on comprend aussi, dès lors que l'infini-matière, en opposition à l'infini-intelligible, s'est échappé de l'être véritable et a sombré dans la nature de l'image, l'on comprend, disons-nous, l'affirmation de Plotin en 26 (III, 6), 13, 25-26, selon laquelle la matière se révèle « non réceptive » à la fois des êtres intelligibles et des êtres sensibles, gardant ainsi depuis l'origine sa nature fuyante d'être en puissance. En effet, ayant fui, s'étant détachée ou ayant été rejetée, elle n'a pas profité de son voisinage intelligible et n'est rien devenue là-bas en acte, comme elle ne deviendra rien en acte ici non plus.

C'est du reste un scénario apparenté à celui-là que propose le traité 34 (VI, 6) *Sur les nombres*, qui s'ouvre sur la question suivante : « Est-il vrai que la multiplicité soit un éloignement de l'Un, et l'infinité, un éloignement total de l'Un, du fait qu'elle est une multiplicité impossible à nombrer ? Est-ce aussi la raison pour laquelle l'infinité est un mal, et nous-mêmes sommes mauvais lorsque nous sommes une multiplicité ? De fait, est multiple toute chose qui, incapable d'incliner vers soi-même, s'écoule et s'étend en s'éparpillant ; si elle est totalement privée de l'un dans cet écoulement, elle devient une multiplicité dans laquelle ce qui unit l'une à l'autre ses parties n'existe plus *(c'est le cas de la matière sensible)* ; si en revanche, dans le cours de cet écoulement, elle devient quelque chose de stable, elle devient une grandeur *(c'est le cas de la multiplicité intelligible, conçue comme une grandeur eidétique [voir 33 (II, 9), 17, 9-10 ; 43 (VI, 2), 21, 7-20])* » (1, 1-8).

Dans ce passage, l'on remarque que c'est le même éloignement (*apostasis*) de l'Un qui, dans un cas, forme la multiplicité intelligible parce qu'elle est une multiplicité en quelque sorte *contrôlée* par l'Un et qu'elle gagne ainsi stabilité, et qui, dans l'autre cas, en raison d'un éloignement total, d'un écoulement qui « s'étend et s'éparpille » (1, 5), forme une infinité qui est mauvaise et qui est la matière sensible. Il s'agit donc là d'un schéma proche de celui que nous découvrions en 12 (II, 4), 15, à propos des deux infinis, l'un ayant sombré et l'autre pas, comme ici une multiplicité s'est étendue et éparpillée, et l'autre pas. Plus loin dans le traité, Plotin revient encore sur ce thème en observant : « Mais tout d'abord, si dans les êtres véritables il y a une multiplicité, comment cette multiplicité serait-elle un mal ? C'est que cette multiplicité est unifiée et qu'elle est empêchée d'être multiplicité absolue, car elle est multiplicité une » (34 [VI, 6], 3, 3-5). Or, en sus de cette mutiplicité qui est *empêchée* d'être multiplicité absolue, il y a une multiplicité en quelque sorte *non empêchée*, qui est l'infini proprement dit, et qui est, comme Plotin l'écrit quelque lignes plus loin, « ce qui fuit quant à lui la forme du fini » (3, 15-16). Nous retrouvons donc ici encore le thème de la fuite de l'infini-matière, ce qui nous permet de conjecturer que ce qui, dans notre traité, a fui, s'est séparé et a été rejeté — et qui est également mentionné en 26 (III, 6) —, correspond vraisemblablement à l'infini qui a sombré du traité 12 (II, 4) et à l'infini qui s'est totalement éloigné de l'Un et qui *fuit* la forme du fini en 34 (VI, 6). Et quand Plotin, en 44 (VI, 3), 7, après avoir insisté sur le fait que la matière sensible — dont il rappelle qu'elle n'est pas un terme premier —, était une ombre et une chute de la raison complètement dénuée de raison, suggère que « peut-être matière et forme ne viennent pas du même, puisqu'il y a aussi des choses différentes au sein des êtres intelligibles » (34-35), nous comprenons que c'est de l'infini-matière intelligible que se produit, par détachement, éloignement et rejet, l'infini-matière sensible.

Mais, c'est un fait indéniable dont il faut s'accommoder, aucune de ces descriptions n'est exactement équivalente aux autres, et le « peut-être » que Plotin laisse échapper à ce propos en 44 (VI, 3), 7, 34 en dit d'ailleurs long sur l'ambiguïté, encore une fois réelle ou feinte, maintenue en cette affaire.

Cette série de textes laisse entrevoir de manière relativement claire et homogène, en dépit des écarts repérables d'accents et de formulations, en quoi consisterait la genèse de la matière selon Plotin. Tenant une place absolument à part dans l'ordre des réalités, la matière aurait aussi une origine tout à fait singulière, en marge de toutes les autres réalités : elle serait cette partie de l'infinité ou de la multiplicité intelligible qui se serait échappée en marge de l'ordre de succession des hypostases, et aurait ensuite trouvé sa place[27] tout en bas de la série des êtres, pour être enfin investie par les formes sensibles qui trouvent en elle leur siège. Et quand Plotin souligne que la

27. Sur cette *antériorité* de la matière par rapport aux choses sensibles et sa *postériorité* par rapport aux intelligibles, voir encore 44 (VI, 3), 7, 5-6.

matière est *prise* ou *attrapée* « par les deux classes d'êtres » (5, 19-20), il faut certainement entendre que, cette échappée s'étant produite, la matière se voit contenue à la fois par les formes qui l'investissent, et par l'Un qui retient sa fuite ou sa course, tel qu'on le remarque dans le traité connexe 34 (VI, 6), 1, 23-24 : « Et pourtant l'univers est grand et beau. C'est qu'il ne lui est pas permis de s'enfuir vers l'infinité et que, au contraire, il est enveloppé par l'Un » ; la même idée étant de nouveau reprise au chapitre 3 du même traité : « cet infini fuit quant à lui la forme du fini, *mais il est attrapé ayant été enveloppé de l'extérieur* » (3, 15-16) ; « le fait [pour l'infinité] de ne pouvoir échapper, mais d'être enfermée de l'extérieur et encerclée et de ne pas avoir la liberté d'aller plus loin, ce serait son repos, de sorte qu'il n'est pas permis de dire seulement qu'elle est en mouvement[28]. »

Cette idée d'un enveloppement de l'extérieur, comme on l'a noté, provient sans doute du *Timée* (34 b 3), « où il est dit que le démiurge enveloppe le corps en l'âme, de l'extérieur » (voir *Sur les nombres*, p. 152). On la retrouve dans le deuxième livre du traité de Porphyre, *Sur la matière,* cité par Simplicius (*In Phys.*, p. 231, 21-24 ; Fr. 236, p. 257 Smith) : « La matière est retenue par le Bien et n'est pas autorisée à sortir de ses limites, son extension recevant la raison de la grandeur eidétique, et par elle la limitation, tandis que sa dispersion prend forme par l'analyse arithmétique » (voir *Sur les nombres*, p. 145). Et de même que la matière en 25 ne gagne rien de sa double capture et ne devient rien en acte (5, 20-22), de même cette double prise que subit l'infinité, comme le professe Plotin, ne transforme aucunement sa nature : « Comment peut-on alors se représenter l'infinité ? En écartant la forme par la pensée. Qu'aura-t-on dans l'esprit ? On aura le couple des opposés, et en même temps on ne l'aura pas. De fait, on pensera grand et petit, car elle devient l'un et l'autre ; on pen-

28. 3, 41-43 ; *cf.* 51 (I, 8), 15, 8, 23-25 : « Mais en raison de la puissance et de la nature du Bien, le mal n'est pas seulement le mal ; puisqu'il doit nécessairement apparaître, il est enveloppé dans les liens de la beauté. »

sera repos et mouvement, car elle devient encore l'un et l'autre. Mais avant de devenir l'un et l'autre, il est clair qu'elle n'est ni l'un ni l'autre d'une manière définie, sinon la voilà définie » (34 [VI, 6], 3, 26-32).

Voilà donc démystifié l'essentiel de cet épisode cosmogonique au sein du traité 25 : en exhibant le caractère particulier de la genèse de la matière sensible, il dévoile le motif du statut ontologique singulier qui lui revient dans la série des êtres.

Pour autant, le problème de l'origine de la matière dans les *Ennéades* conserve toute son acuité, car il est connu que la génération de la matière est attribuée à l'Âme par plus d'un interprète de la philosophie de Plotin, et qu'un certain nombre de passages du corpus (surtout 13 [III, 9], 3 et 15 [III, 4], 1) témoignent de la génération par l'Âme ou par une âme partielle, non pas *expressis verbis* de la matière, qui n'est jamais nommée dans ces derniers passages, mais de *quelque chose* qu'il est bien tentant d'assimiler à la matière du monde sensible et qui prend les noms de « le non-être », de « l'indéfini », de « l'engendré sans vie » et de « l'indéfinition [...] absolue », etc. Avec de bons arguments à l'appui, D. O'Brien a tenté de restituer le sens de cette série de textes[29], qui compte 2 (IV, 7), 3 ; 10 (V, 1), 7 ; 11 (V, 2), 1-2, lesquels annoncent ou préparent l'enseignement plus substantiel de 13 (III, 9), 3 et 15 (III, 4), 1. Mais ces textes précoces restent, de l'avis même du spécialiste (p. 15), hésitants, et ceux qui abordent cette question après les traités 13 et 15 dans l'ordre chronologique seraient encore moins clairs que les premiers (p. 19). Deux textes plus ou moins informatifs où la matière n'est pas nommée comme telle, c'est peu. Et ces textes contiendraient-ils l'enseignement supposé, qu'il resterait encore à interpréter l'obscurité et le mystère maintenus à ce propos ailleurs par Plotin, les points de vue divergents développés autre part encore, etc.

---

29. Voir D. O'BRIEN, *Plotinus on the Origin of Matter*, 1991, p. 15-25 ; et *Le non-être. Deux études sur le « Sophiste » de Platon*, 1995, p. 22-25.

Il s'agit donc d'un vaste dossier que nous ne pouvons reprendre en détail ici. Nous nous limiterons à quelques remarques.

1. Il est significatif de constater, nous l'avons déjà fait remarquer, qu'en VI, 3, 7, 34-35 — le quarante-quatrième traité dans l'ordre chronologique ! —, Plotin en soit encore à s'exprimer hypothétiquement quant à l'origine exacte de la matière sensible : « peut-être matière et forme ne viennent pas du même, puisqu'il y a aussi des choses différentes au sein des êtres intelligibles. » Le fait est peu banal et ne saurait être minimisé. L'on sait en outre que déjà en 6 (IV, 8), 6, 18-23, Plotin laissait également ouverte la possibilité que la matière fût ou ne fût pas engendrée.

2. Dans les passages que nous avons considérés en liaison avec 25 (II, 5), 4, 14-18 et 5, 9-22[30], où il est question de la *fuite*, du *rejet*, de l'*échappée*, de la *sortie*, de la *chute*, de l'*éloignement dans l'éparpillement*, du fait de *sombrer*, etc., et dans lesquels la matière est chaque fois expressément nommée, et où l'on sait donc qu'il s'agit sans nul doute d'elle, n'intervient jamais l'idée d'un *engendrement* (le verbe étant γεννᾶν) ou d'une *production* (le verbe étant ποιεῖν) par l'intermédiaire de l'Âme, comme c'est le cas en 15 (III, 4), 1 et en 13 (III, 9), 3 ; mieux, l'Âme n'est jamais mentionnée dans notre série de textes concernant l'émergence (et non pas l'*engendrement* ou la *production*) de la matière. Il s'ensuit donc que lorsqu'il est question *expressis verbis* de l'apparition ou de l'émergence de la matière, l'Âme n'est pas nommée dans le processus, et quand l'Âme produit ou engendre quelque chose (de seulement potentiellement assimilable à la matière), c'est la matière qui n'est jamais mentionnée. S'agit-il là d'un effet de hasard ? On peut raisonnablement en douter. Le langage utilisé de part et d'autre n'est d'ailleurs pas le même ; il est de l'ordre de la *production* et de la *génération* au sens strict dans le cas de l'Âme, de l'ordre du *rejet* et de la *fuite* dans l'autre ; et le rapport du

30. Soit 12 (II, 4), 15 ; 26 (III, 6), 13 ; 34 (VI, 6) 1 et 3 ; 44 (VI, 3), 7.

géniteur ou du producteur à son objet n'est évidemment pas assimilable à celui, plus neutre, de la source à ce qui s'en *évade* ou en est *expulsé* ; la « participation » ou l'« implication » du terme d'origine vis-à-vis de ce qui en résulte n'est pas du tout la même, et il est tentant de penser que Plotin a pu trouver avantage à décrire l'émergence de la matière sensible, qui est le mal absolu, en des termes moins compromettants pour le Bien.

L'Âme n'est pas citée dans les passages touchant l'émergence de la matière que nous avons examinés. Elle n'est pas citée, et l'on imagine du reste assez mal quel rôle elle pourrait y jouer. Si la matière a fui, s'est échappée, a sombré ou a coulé, a été rejetée, etc., en quoi l'Âme est-elle concernée ou impliquée ? *Concernée*, peut-être, mais alors en un sens restreint, c'est-à-dire dès lors qu'on inclut l'Âme dans l'ensemble formé par les « êtres véritables », par la « nature des êtres véritables », par la « totalité des êtres » — et autres formulations semblables —, dont on stipule que la matière s'est échappée (c'est le cas notamment en 26 [III, 6], 7, 10, où il est affirmé que la matière « est tombée hors » [ὑπερεκπίπτειν] de l'âme, de l'intelligence, de la vie, de la forme, de la raison, de la limite, de la puissance) ; *impliquée*, comme lorsqu'il s'agit d'une activité de génération, l'on ne voit guère comment.

3. Si la matière sensible a bien le mode d'apparaître qu'on lui prête ici, au-delà de l'Âme ou en tout cas indépendante de son action productrice, comme fugueuse, échappée et éloignée d'origine, l'on saisirait mieux les passages où il est question de la matière indépendamment de la venue ou de la présence de l'Âme. Ainsi Plotin souligne-t-il, en 10 (V, 1), 2, 25-27, qu'« avant la venue de l'Âme, le ciel n'était qu'un corps mort, terre et eau, ou plutôt *obscurité de la matière et non-être* » ; en 26 (III, 6), 16, 15-20, il signale que si le ciel et tout ce qu'il contient se retiraient, grandeur et qualités ensemble, la matière serait « abandonnée à sa condition antérieure[31] » ; en 52 (II,

31. *Cf.* 26 (III, 6), 10, 11 et 11, 18.

3), 9, 43 s., il observe que, séparée de l'Âme, il resterait peu de chose de la nature du Tout qui est mélangée, si ce n'est « un grand démon aux passions démoniaques » (ce que nous interprétons comme une référence à la matière, en raison de *Timée,* 48 b, et du grand démon du *Banquet,* 202 d-e). Ainsi la matière, ayant fui, apparaîtrait-elle là où les êtres intelligibles s'arrêtent (voir 25 [II, 5], 5, 17-18), c'est-à-dire avant la *venue* de l'âme — le « avant » recelant pour Plotin un sens *logique* et non *chronologique* —, pour être ensuite investie par les formes dont l'Âme la revêt, celle-ci ne pouvant supporter le spectacle de cette obscurité (voir 12 [II, 4], 10, 31 s.).

Ce serait dès lors aussi le sens du curieux (et précoce) morceau en 2 (IV, 7), 3, 18-25, où on lit : « Car il n'y aurait même pas de corps, s'il n'y avait la puissance de l'âme ; la nature du corps est de s'écouler, d'être en mouvement ; et il périrait instantanément, s'il n'y avait que des corps, imposât-on à l'un d'entre eux le nom d'âme. Car ce corps subirait le même sort que les autres, puisqu'ils n'ont tous qu'une seule matière. Ou plutôt il ne naîtrait même pas, mais tout s'arrêterait au stade de la matière. *Peut-être même n'y aurait-il plus du tout de matière.* » Par cette dernière remarque, Plotin n'entendrait pas que la matière n'existerait pas comme telle sans que l'âme l'engendre — puisque l'on croit savoir qu'elle « existait » de son étrange et insaisissable sous-existence *avant sa venue* —, mais qu'il n'y aurait plus de matière si l'âme, par sa présence et les formes qu'elle lui communique, ne la faisait apparaître (25 [II, 5], 5, 17-18), puisque l'on sait que la matière est par elle-même obscure, et qu'« elle ne peut elle-même être vue, puisqu'elle n'est pas une forme[32] », mais plutôt un « substrat invisible et inétendu » (12 [II,4], 12, 23), et qu'en la voyant, l'âme voit « comme une absence de figure, comme une absence de couleur et comme quelque chose de non illuminé et de dépourvu, par surcroît, de grandeur » (12 [II, 4], 10, 18-19). Ce serait par conséquent en ce sens bien particulier qu'il n'y aurait peut-être plus de matière, c'est-à-dire si la

32. 26 (III, 6), 13, 40 ; voir 12 (II, 4), 10, 27-28.

lumière de l'âme n'était plus là pour la faire apparaître (voir aussi dans un contexte voisin 38 [VI, 7], 7, 6-16).

4. Est-il vraiment question de la matière sensible en 13 (III, 9), 3 et 15 (III, 4), 1, passages sur lesquels on s'appuie principalement dans cette affaire ? On ne peut certes l'exclure, et les désignations de cette réalité comme « non-être », comme ce qui est « indéfini » et « totalement obscur » en 13 (III, 9), 3, 11-13, et comme l'« engendré sans vie » et l'« indéfinition absolue » en 15 (III, 4), 1, 11-12, nous y invitent évidemment d'emblée, puisque c'est en des termes semblables que Plotin parle souvent de la matière. Mais quand on réfléchit au fait que la matière n'est jamais spécifiquement nommée dans ces passages, et qu'il est aussi question ailleurs dans les *Ennéades* d'un autre *mode d'apparaître* de la matière décrit en termes tout différents, l'on en vient à se méfier du sens apparemment obvie de ces expressions. Surtout lorsque l'on constate que, dans un passage connexe jusqu'ici non considéré, soit 27 (IV, 3), 9, 15-26, il est question de la *génération* (le verbe étant γεννᾶν comme en 15 [III, 4], 1) par l'Âme non pas de la matière — il eût été si facile ici encore de la nommer, s'il avait vraiment été question d'elle —, mais du *lieu* à la fois préalable et nécessaire au corps : « Car à aucun moment, cet univers n'a été sans âme ; à aucun moment, le corps n'a existé en l'absence de l'âme ; non plus qu'à aucun moment la matière n'a été *privée d'ordre* (ἀκόσμητος) ; mais il est possible, en considérant ces choses, de les séparer les unes des autres par la raison. Il est en effet possible par la raison et par la pensée d'analyser tout composé. Or voici la vérité : si le corps n'existait pas, l'âme ne procéderait pas, puisqu'il n'existe pas d'autre *lieu*, où elle puisse être par nature. Or si elle doit procéder, *elle engendrera pour elle-même un lieu, et par conséquent un corps.* Le repos de l'âme étant comme renforcé dans le repos en soi, se diffuse alors comme une immense lumière qui, aux confins des dernières lueurs du feu, devient obscurité, ce que voyant, l'âme, puisque cette obscurité est amenée à l'être, l'informe. »

Ce morceau est révélateur à plusieurs égards. Plotin y souligne que la matière, depuis toujours, a été non pas *engendrée* par l'âme, mais non *privée d'ordre*, ce qui est tout différent. En revanche, ce que l'âme est dite expressément engendrer, c'est le lieu (τόπος) pour le corps, lieu au reste assimilé à une obscurité, comme le produit de l'âme en 13 (III, 9), 3, 13, est aussi qualifié d'obscur. Même si le parallélisme entre les trois morceaux n'est pas parfait, il est raisonnable de penser que c'est la même réalité qui est visée, à savoir le lieu dont 12 (II, 4), 12, 11-12 nous a appris qu'il était postérieur à la matière, et auquel le « ce en quoi elle est », qui est engendré par l'âme en 11 (V, 2), 2, 30, se référerait donc aussi. Il fait d'ailleurs tout à fait sens de penser qu'ayant fui les êtres véritables et étant apparue tout en bas, la matière inétendue ou sans grandeur spécifique fut ensuite « localisée » par l'action de l'âme et qu'elle dut s'offrir comme un lieu pour tout ce qui vient d'en haut (voir 26 [III, 6], 18, 38 s.), sans prétendre être elle-même par elle-même un lieu, puisque, comme on le sait, elle n'est absolument rien de déterminé en acte. Telle serait alors l'œuvre propre de l'âme, la génération du lieu pour le corps, eu égard à une matière déjà rejetée et séparée des autres êtres depuis l'origine, mais qui est doublement prise par les réalités d'en haut.

5. Le tableau d'ensemble auquel nous parvenons ne présente certes pas toute la clarté souhaitée. L'origine de la matière est-elle celle que nous lui assignons ici, comme ce qui s'est échappé de la substance des êtres en quelque sorte de son propre chef ou encore a été rejeté, ou faut-il plutôt penser que c'est l'âme qui l'engendre même si elle n'est jamais nommée, ou encore les deux à la fois, c'est-à-dire supposer une multiple génération de la matière, comme K. Corrigan[33] en a fait l'hypothèse, pour qui la fuite de la matière effectuée dès l'origine correspond à un état précosmique de la matière, celle-ci étant à nouveau « réengendrée » ensuite par l'âme ?

33. « Is there more than one generation of matter in the *Enneads* ? », *Phronesis*, XXXI, 1986, p. 167-181.

Ou faut-il conjecturer l'existence concurrente chez Plotin de deux modes de génération de la matière, et conclure à une duplicité de système dans son œuvre, comme l'on parlait encore récemment des deux systèmes aristotéliciens ? Ou encore se résoudre à penser que, sans aller jusqu'à supposer l'existence de deux systèmes à proprement parler, Plotin a entrevu différentes possibilités concernant l'origine de la matière qu'il n'a pas élaborées plus avant, s'exprimant tantôt d'une manière, tantôt d'une autre, selon les circonstances et les problèmes respectivement abordés ; bref, penser l'œuvre de Plotin, ou tout au moins certains aspects de celle-ci, selon les termes d'une cohérence par traité, et ne plus chercher, par souci d'uniformité, une doctrine unitaire partout consistante avec elle-même à toutes fins pratiques introuvable ? C'est ainsi que, s'agissant de la cosmologie aristotélicienne, raisonnait par exemple P. Moraux, qui remarquait : « Plus on scrute le *De caelo*, et mieux on s'aperçoit qu'il est impossible d'y découvrir un système cohérent, une représentation du ciel précise et claire. Un critique quelque peu perspicace a tôt fait d'y relever un bon nombre d'affirmations et d'indications obscures ou peu précises. Je ne pense pas que l'on puisse expliquer cette situation uniquement par le fait qu'Aristote a évolué, a modifié ses conceptions, a introduit l'expression de vues nouvelles dans une rédaction ancienne. Il me semble, au contraire, qu'il faut admettre au départ un certain flottement, un certain manque de rigueur dans la façon dont Aristote se représente le ciel [...]. Sa préoccupation majeure ne paraît pas avoir été d'élaborer une description claire, complète et cohérente du monde supralunaire, mais plutôt de résoudre un certain nombre de problèmes [...]. L'argumentation est, si je puis dire, déterminée par le problème à résoudre ; l'auteur s'inquiète assez peu de savoir si elle s'accorde, ou non, avec les considérations présentées ailleurs, pour trancher d'autres problèmes[34]. »

Faut-il transférer ce modèle explicatif à nos traités, qui témoignent eux aussi à cet égard d'un certain flottement et

34. ARISTOTE, *Du ciel,* coll. « Budé », Introduction, p. CXXVI.

qui abondent, comme on a eu le loisir de le constater, en indications obscures ou peu précises ? Comment expliquer ce manque de précision, ces discordances et ces hésitations ? Nous ne croyons pas que l'on puisse parler, dans le cas de Plotin, d'évolution. Les allusions énigmatiques relativement à l'origine de la matière sont en effet entremêlées d'un traité à l'autre et non pas sériées. Faut-il postuler à la source une imprécision de vue sur cette question ? On ne saurait l'exclure, comme il n'est pas interdit d'imaginer que Plotin ne se sentait nullement tenu d'exposer plus avant le procédé exact par lequel la matière apparaît. Sa réserve à cet égard est en tout cas remarquable, qu'on se tourne vers le présumé engendrement de la matière par l'âme, si peu explicite, ou vers l'énoncé de ce rejet ou de cette fuite de la matière dans notre traité et ailleurs, si avare de détails. Et l'on peut sans doute présumer qu'au-delà d'une possible indétermination de vue, la retenue de Plotin dans cette affaire tient au rôle particulier que joue la matière dans son système, puisqu'il est pour le moins embarrassant d'affirmer le caractère absolument mauvais de la matière, et de professer en même temps qu'elle provient des êtres intelligibles, que ce soit par l'intermédiaire de l'âme ou autrement.

Une chose est néanmoins acquise, c'est que l'engendrement de la matière par l'âme soulève de nombreuses difficultés (nous en avons répertorié quelques-unes ici), et qu'il s'harmonise en outre difficilement avec le schéma génératif que nous rencontrons dans notre traité et certains autres. Notre sentiment est que la solution à l'énigme de l'origine de la matière sensible dans les *Ennéades* est plutôt à chercher dans le type d'exposé apparenté à celui que nous offre 25 (II, 5) ; mais nous ne pouvons le démontrer au-delà.

3. Conclusion : l'être de la matière consiste exclusivement en l'« en puissance » (5, 22-36).

Dans la mesure où l'être de la matière consiste en l'*en puissance*, et qu'elle n'est donc aucune des autres choses, qui sont chaque fois un certain « autre » autre que tous les autres mais *en acte*, alors que la matière est toujours autre sans être jamais rien en acte ; dans cette mesure, elle est « réellement non-être », c'est-à-dire non pas simplement *rien du tout*, mais réellement rien de précis en acte ; sa modalité d'existence, pourrait-on dire, consiste en la relation ; c'est là son caractère propre, son idiosyncrasie (ἰδιότης), comme Plotin l'indique en 12 (II, 4), 13, 26 s., le caractère propre de la matière « résidant dans sa relation avec les autres choses, parce qu'elle est autre qu'elles » ; c'est d'ailleurs en ce sens qu'elle est « auto-altérité » ou « altérité en soi » (αὐτοετερότης, 12 [II, 4], 13, 18), pour autant qu'elle tient son altérité d'elle-même et ne participe pas de l'altérité des autres choses, qui toutes sont à la fois quelque chose (principe d'identité) et autres que les choses qu'elles ne sont pas (principe d'altérité). Et dans la mesure où l'altérité-en-soi qu'est la matière ne participe pas de l'altérité dont participent les autres êtres, l'on ne peut affirmer que la matière est *identique* à l'altérité (laquelle inclut cette altérité des autres êtres dont elle ne participe pas), mais, comme Plotin l'indique, qu'elle est « identique à la partie de l'altérité qui est opposée aux êtres qui existent au sens propre, qui sont précisément des raisons » (12 [II, 4], 16, 1-3). C'est donc un peu comme si l'altérité et l'altérité-en-soi étaient les espèces d'un genre innommé d'Altérité situé plus haut encore ; ou comme si cette Altérité générique innommée se voyait scinder en une altérité inhérente aux autres êtres (l'altérité relative héritée du *Sophiste*), et une altérité essentielle et radicale n'appartenant qu'à un seul être, le définissant tout entier, et ne tenant que de lui.

D. O'Brien (p. 19 s.) a bien montré l'originalité de l'analyse de Plotin par rapport à celle de Platon dans le *Sophiste*, dans la mesure où ce dernier distinguait deux termes, le non-être comme différent de l'être (à savoir l'altérité du mouvement et du repos), et le non-être comme contraire absolu de l'être (à savoir le non-être absolu, le néant), là où Plotin distingue trois termes, à savoir, en sus des deux précédents mais intercalé entre les deux, la « forme du non-être » (51 [I, 8], 3, 4-5) qu'est la matière, celle-ci n'étant pas simplement « altérité par rapport à ' l'être '[...] [mais] altérité par rapport aux ' êtres ' » (O'Brien, p. 19, n. 2), c'est-à-dire, ainsi qu'on l'a vu, altérité-en-soi ou altérité absolue ou pure, consistant exclusivement dans le fait d'être *autre*.

Nous avons indiqué ailleurs[35] que les *Ennéades* reconnaissaient au total quatre types de non-être : *premièrement* l'Un, qui est au-dessus de l'être et n'est pas un être mais un « non-étant[36] » ; *deuxièmement* l'altérité relative qui n'est pas l'absolu non-être, « mais qui est seulement autre que l'être [...] tels le mouvement et le repos qui concernent l'être[37] » ; *troisièmement* l'altérité pure de la matière qui est « véritablement non-être » (26 [III, 6], 7, 12-13) et comme « une sorte de forme du non-être » (51 [I, 8], 3, 4-5), ou encore « réellement non-être » (25 [II, 5], 5, 24), ce non-être de la matière n'étant pas toutefois ce qui n'existe absolument pas, mais ce qui, « étant sorti de l'être véritable, possède son être dans le non-être » (25 [II, 5], 5, 28-29), ce qui est « un simulacre de l'être ou quelque chose d'encore plus non-être » (51 [I, 8], 3, 8-9), ou encore « une image et un fantôme de la masse [corporelle] et une aspiration *(ἔφεσις : désir, aspiration, élan, tendance, etc.)* à l'existence » (26 [III, 6], 7, 13) ; *quatrièmement* le non-être absolu, « ce qui est absolument non-être » (51 [I, 8], 3, 6-7 ; *cf.* 9 [VI, 9], 11, 35-38), en écho au *Sophiste*, 258 e 6 s.[38], et qui est le rien, le néant, ou comme Aristote l'exprime, « la négation générale de toutes choses » (*Gen. et corr.*, 317 b 11-12).

Si l'on songe en outre que ce qui est engendré dans la matière est lui-même « vide de réalité substantielle » (26 [III, 6], 12, 11-12) et n'est rien d'autre qu'un « fantôme dans un fantôme[39] » qu'on dit « faussement exister » (25 [II, 5], 4, 16),

35. « Le Non-être chez Plotin et dans la tradition grecque », *Revue de philosophie ancienne*, vol. IX, 1992, p. 115-133.

36. 30 (III, 8), 10, 30 ; voir 9 (VI, 9), 2, 46-47 ; 3, 37 s. ; comparer le « non-étant au-dessus de l'étant » de PORPHYRE, *Sent.*, 26, p. 15, 9.12.

37. 51 (I, 8), 3, 7 s. ; *cf.* 25 (II, 5), 5, 9-11 ; 26 (III, 6), 7, 11-12.

38. Voir aussi ARISTOTE, *Phys.*, 187 a 5 ; *Gen. et corr.* 317 b 2 s.

39. 26 (III, 6), 7, 24-25 ; voir 12 (II, 4), 5, 18-19.

l'on arrive ainsi à la représentation non pas de quatre, mais bien de cinq niveaux de non-être dans l'édifice des *Ennéades*. Cinq niveaux de non-être, comme on les voit systématiquement énumérés plus tard chez Ammonius par exemple, ou comme on les retrouve également dans une scholie du commentaire de Proclus *Sur la République*[40].

Nous citons Ammonius dans la traduction de P. Hadot[41] : « [Il y a] 1° Le non-étant au-dessus des étants, c'est-à-dire au-dessus de toute forme [...]. 2° Le non-étant considéré selon l'altérité et qui s'étend au travers de tous les étants, ' qui n'est pas moins étant que l'étant ', comme il est dit à son sujet (*Soph.*, 258 b). 3° Le non-étant qui désigne ce qui est engendré, selon un abaissement par rapport au véritable étant et à ce qui est situé au-dessus de tout changement. 4° Le non-étant attribué à la matière, par suite de sa chute en dehors de toute forme [...]. 5° Et enfin, cette signification du mot 'non-étant' qu'il faut placer à la fin de toutes les autres, lorsqu'on parle de l'absolument non-étant. »

La question qu'on peut légitimement se poser relativement à la matière est celle de savoir si un être, une entité ou une réalité quelle qu'elle soit, peut en effet consister exclusivement dans le fait d'être « autre », c'est-à-dire dans son *rapport* aux autres choses sans être d'abord — ou au moins simultanément — quelque chose par soi-même, en vertu du principe selon lequel c'est l'opération qui s'ensuit de l'être (*operari sequitur esse*), et non l'inverse. Pour pouvoir *avoir rapport à...*, c'est-à-dire constituer l'un des termes d'une relation, il faut bien déjà être quelque chose par soi-même. Si le terme de la relation que l'on constitue par rapport à un premier terme est lui-même le résultat entier de ce premier terme, il n'y a pas deux choses, c'est-à-dire altérité, mais une seule chose se rapportant à soi-même par diversification interne, et donc unité dans la composition et identité. Cette configuration nous paraît être

---

40. Sch. *ad* Proclum, *In. R.*, t. II, p. 375, 5, Kroll.

41. AMMONIUS, *De Interpret.*, 11, p. 213, 1, Busse ; P. HADOT, *Porphyre et Victorinus*, t. I, 1968, p. 169-170.

celle-là même de l'idéalisme absolu, et plus précisément ici, de l'idéalité absolue, à savoir le point où l'« autre » n'est plus conçu que comme une modalisation interne du « même ». Or une telle configuration constitue en même temps un monisme strict, position qui ne peut satisfaire Plotin, qui conçoit justement la matière comme ce qui ne relève pas de la détermination formelle (voir 12 [II, 4], 12, 4-6), mais est *posé* en face d'elle[42], et même, nous y reviendrons, est *opposé* à elle.

La matière doit donc exister de manière autonome et être d'abord quelque chose, si elle veut *avoir rapport à*. De quelle existence existe donc la matière pour être à même *d'avoir rapport à quelque chose* ? Elle est, en tant que réceptacle, quelque chose d'un, de simple et de continu (voir 12 [II, 4], 8, 1-2 ; 13-14). La matière peut certes être tout en puissance, mais ce qu'elle est en tant que matière, à savoir quelque chose de simple et d'un, elle ne l'est pas en puissance mais en acte. Quand donc Plotin parle du caractère propre de la matière comme de ce qui réside dans sa relation avec les autres choses, il fait référence à cette entité une et continue dont les modalités d'existence sont infiniment variées et qui se revêt de toutes les autres formes repérables dans le monde sensible. Et c'est en cela seul qu'elle est en acte, dans le fait, comme unité réceptrice, de se prêter à tout ; mais elle n'existe pas comme pure relation, c'est-à-dire comme si c'étaient les formes seules qui la faisaient exister, puisqu'elles n'en conditionnent que les modalités d'existence ou d'apparaître.

La matière est donc bien quelque chose d'existant par-delà les formes, à la fois indépendante d'elles et en relation avec elles, d'où le fait qu'on puisse parler de la matière ou imaginer ce qu'elle serait en l'absence de l'âme par exemple — même si cette absence ne se produit pas dans les faits, la matière n'étant jamais, on l'a vu, *privée d'ordre* —, et que l'on puisse l'évoquer comme « ce qui est seul et isolé des autres choses et absolument simple » (26 [III, 6], 9, 37-38) — ainsi

42. C'est tout le thème de la matière qui est là à attendre de subir l'action du principe formel et qui est nécessaire au corps ; voir [12 (II, 4), 11, 1-3 ; 12, 10-11 ; 15-17 ; 20-23 ; 26 (III, 6), 14, 5-12 ; 26-31 ; 18, 29-31 ; 51 (I, 8), 14, 35 s.

qu'il est aussi affirmé du Bien[43] —, et encore comme ce qui a une nature *totalement autre* qu'elle doit préserver (26 [III, 6], 13, 23 s.). L'acte qui lui est laissé, qui n'est rien d'autre que d'être cette unité en puissance de tous les êtres, est le plus ténu que l'on puisse envisager, en deçà duquel l'autre n'est plus véritablement l'« autre », mais le « même. »

Dans la mesure où la matière est bien quelque chose de réel — et non pas un « nom vide », comme Plotin le signale lui-même en 12 (II, 4), 12, 22 (*cf.* 51 [I, 8], 11, 1 s.) — qui, apparaissant seulement en relation avec les autres choses, ne *consiste* cependant pas simplement en ses relations ; dans cette mesure donc, la matière, qui est par soi-même quelque chose d'existant, est en même temps la source d'un certain nombre d'actions ou d'initiatives, même si celles-ci demeurent évidemment limitées et avortent le plus souvent. Cet aspect reste pour l'essentiel dans l'ombre en 25 (II, 5), où l'on insiste au contraire sur son incapacité à devenir autre chose que ce qu'elle est, mais il fait partie intégrante de la représentation plotinienne de la matière[44]. Que fait-elle ? Outre que la matière, ainsi qu'on le voit dans notre traité, est ce qui *a fui* et est *sorti* de l'être véritable (ou encore a été *rejeté*), elle est ce qui aspire à devenir autre chose que ce qu'elle est, une « aspiration à l'hypostase » (26 [III, 6], 7, 13), c'est-à-dire une aspiration à ce qu'on pourrait appeler l'*existence constituée* ; cette aspiration se transforme même en une « audace » (τόλμα) en 26 (III, 6), 14, 8, quand la matière « tente comme par violence de s'emparer de ce qui vient en elle et est frustrée de sa prise » (26 [III, 6], 14, 8-9) ; la matière réussit néanmoins à *obscurcir* et à *affaiblir* la lumière qui vient de l'âme (51 [I, 8], 14, 41-42) ; elle *empêche* que toutes les puissances de l'âme parviennent à l'acte « en occupant le lieu que l'âme occupe, en produisant une sorte de resserrement de l'âme et en rendant mauvais ce dont elle s'est emparée par une sorte de vol »

43. 49 (V, 3), 13, 32 ; 38 (VI, 7), 25, 15 ; 30, 13 ; *cf. Philèbe*, 63 b 7-8.

44. Voir J.-M. Narbonne, « Aristote et le mal », *Documenti et Studi...*, vol. VIII, 1997, p. 87-103 ; « Le Réceptacle platonicien... », *Dialogue*, XXXVI, 1997, p. 253-279.

(51 [I, 8], 14, 46-48) ; dotée d'un certain pouvoir qui contrevient à sa présentation ailleurs comme ce qui est parfaitement docile et dénué de toute puissance véritable, la matière apparaît même alors comme pourvue d'une sorte de volonté puisque Plotin énonce qu'« elle *veut* pénétrer en l'âme » (51 [I, 8], 14, 36), et c'est ainsi qu'elle est donnée dans ce traité comme un contre-principe opposé au Bien (51 [I, 8], 6, 32 s.).

Nul plus que Plotin en 51 (I, 8), comme nous avons tenté de le montrer[45], n'a insisté sur cette dimension tragique de l'opposition du Bien et du Mal au sein de la totalité de l'être, lequel témoigne d'une sorte de dissension interne, l'Un-Bien et le Mal-matière agissant pour ainsi dire indépendamment l'un de l'autre à la manière de deux principes antithétiques dans une vision quasi dualiste du monde, le second principe se trouvant néanmoins subordonné ultimement au premier — dont du reste il provient — dans une sorte de monisme non pas vraiment *réconcilié* — ce qu'il ne devient jamais — mais pour ainsi dire *ré-accordé*. Cette tension, encore une fois, n'est pas thématisée dans notre traité, mais l'on doit savoir qu'elle règne ailleurs.

La matière est donc bien exclusivement *en puissance*, comme Plotin y insiste à la toute fin du traité, mais d'un point de vue seulement, comme on a pu le vérifier.

---

45. *La Métaphysique de Plotin*, 1994, Appendice : « Irréalité de la matière et réalité du mal », p. 113 s.

BIBLIOGRAPHIE

Cette liste ne contient que les ouvrages d'auteurs anciens ou modernes qui ont été cités sous forme abrégée dans le Commentaire ou qui se rapportent, d'une manière ou d'une autre, aux problèmes posés par le traité 25 (II, 5) et sont capables d'apporter un complément d'information au lecteur.

ALEXANDRE D'APHRODISE, *Quaestiones*, éd. I. Bruns, dans *Supplementum Aristotelicum*, vol. II, 2, Berlin, 1892.

ALEXANDRE POLYHISTORE, voir FESTUGIÈRE et RIST.

AMMONIUS, *In Aristotelis de Interpretatione commentarius*, éd. A. Busse, C. A. G. IV, 5, Berlin, 1897.

ARISTOTE, *De caelo*, texte établi et traduit par P. Moraux, Paris, Les Belles Lettres, 1965.

—, *La Métaphysique*, nouvelle édition entièrement refondue, avec commentaire, 2 vol., trad. J. Tricot, Paris, Vrin, 1953.

En général les traductions d'Aristote ont été empruntées soit aux différents volumes des Belles Lettres, soit à J. Tricot dans les différents volumes de la « Bibliothèque des textes philosophiques » (Paris, Vrin).

H. BONITZ, voir « Vocabulaires ».

R. BRAGUE, *Aristote et la question du monde. Essai sur le contexte cosmologique et anthropologique de l'ontologie*, Paris, Presses universitaires de France, coll. « Épiméthée », 1988.

CALCIDIUS, *In Timaeum*, voir NUMÉNIUS.

K. CORRIGAN, « Is there more than one Generation of Matter in the *Enneads ?* », *Phronesis*, XXXI, 2, 1986, p. 167-181.

EUDORE, voir FESTUGIÈRE et RIST.

A.-J. FESTUGIÈRE, *La Révélation d'Hermès Trismégiste*, t. IV, *Le Dieu inconnu et la Gnose*, Paris, J. Gabalda et Cie, 1954.

L. P. GERSON, *Plotinus*, Londres-New York, Routledge, 1994.

P. HADOT, *Porphyre et Victorinus*, t. I-II, Paris, Études augustiniennes, 1968.

M. HEIDEGGER, *Aristote, Métaphysique 1-3. De l'essence et de la réalité de la force*, texte établi par H. Hüni et traduit par B. Stevens et P. Vandevelde, Paris, Gallimard, 1991.

F. HEINEMANN, *Plotin. Forschungen über die plotinische Frage. Plotin's Entwicklung und sein System*, Leipzig, 1921 (réimpr. Aalen, 1973).

Ch. HORN, *Plotin über Sein, Zahl und Einheit. Eine Studie zu den systematischen Grundlagen der Enneaden*, Stuttgart-Leipzig, Teubner, 1995.

A. LALANDE, *Vocabulaire technique et critique de la philosophie*, Paris, Presses universitaires de France, 1947 (5e éd.).

Ph. MERLAN, *From Platonism to Neoplatonism*, La Haye, Martinus Nijhoff, 1960 (2e éd).

MODÉRATUS, voir FESTUGIÈRE et RIST.

J.-M. NARBONNE, *La Métaphysique de Plotin*, Paris, Vrin, 1994.

—, « Aristote et le mal », *Documenti e Studi sulla Tradizione filosofica medievale*, Brepols, 1997, VIII, p. 87-103.

—, « Le réceptacle platonicien : nature, fonction, contenu », *Dialogue*, XXXVII, 1997, p. 253-279.

—, « Le non-être chez Plotin et dans la tradition grecque », *Revue de philosophie ancienne*, vol. 9, 1992, p. 115-133.

Voir aussi PLOTIN, *Les Deux Matières [Ennéade (12)]*.

NUMÉNIUS, *Fragments,* texte établi et traduit par É. des Places, Paris, Les Belles Lettres, 1973.

D. O'BRIEN, *Plotinus on the Origin of Matter. An Exercise in the Interpretation of the Enneads*, [Elenchos 22], Bibliopolis, 1991.

—, *Le Non-Être. Deux études sur le « Sophiste » de Platon*, Sankt Augustin, Academia Verlag, 1995.

PLATON, *Le Sophiste*, traduction inédite, introduction et notes par N.-L. Cordero, Paris, Flammarion, coll. « Garnier-Flammarion », 1993.

En général les traductions de Platon ont été empruntées soit aux différents volumes des Belles Lettres, soit aux deux volumes de la traduction des œuvres de Platon réalisée par L. Robin, pour la « Bibliothèque de la Pléiade » (Paris, 1950), soit aux traductions publiées dans la collection « Garnier-Flammarion ».

PLOTIN, *Plotinus. Ennead III. 6. On the Impassivity of the Bodiless, Translation and Commentary by B. Fleet*, Oxford, Clarendon Press, 1995.

—, *Plotin. Les deux matières [Ennéade II, 4 (12)], introduction, texte grec, traduction, commentaire,* précédé d'un *Essai sur la problématique plotinienne* par J.-M. Narbonne, Paris, Vrin, coll. « Histoire des doctrines de l'Antiquité classique », 17, 1993.

—, *Plotinus : Ennead V. 1. On the Three Principal Hypostases. A Commentary with Translation by M. Atkinson*, Oxford, Oxford University Press, 1983.

En général les traductions des traités autres que le traité 25 de Plotin ont été empruntées, parfois avec des modifications, soit à E. Bréhier dans les différents volumes des Belles Lettres, soit aux traductions parues dans l'« Histoire des doctrines de l'Antiquité classique » (Paris, Vrin), ou à celles parues dans la présente collection « Les Écrits de Plotin » (Paris, Éd. du Cerf).

PLUTARQUE, *Quaestiones Platonicae*, dans : *Plutarch's Moralia*, vol. XIII, part. I, éd. et trad. H. Cherniss, Cambridge (Mass.)-Londres, Loeb Classical Library, 427, 1976.

PORPHYRE, *Vie de Plotin* I, *Travaux préliminaires et index grec complet*, par L. Brisson, M.-O. Goulet-Cazé, R. Goulet et Denis O'Brien, Paris, Vrin, 1982.

—, *Vie de Plotin* II, *Études d'introduction, texte grec et traduction française, commentaire, notes complémentaires, bibliographie* par L. Brisson, J.-L. Cherlonneix..., Paris, Vrin, 1992.

—, *Porphyrii philosophi fragmenta*, éd. A. Smith, Stuttgart-Leipzig, Teubner, 1993 [Porphyre, *Fr.*].

—, *Porphyrii Sententiae ad intelligibilia ducentes*, éd. E. Lamberz, Leipzig, Teubner, 1975 [Porphyre, *Sent.*].

PROCLUS, *The Elements of Theology, A Revised Text with Translation, Introduction and Commentary, by E. R. Dodds*, Oxford, Clarendon Press, 1963.

—, *In Platonis Rem publicam commentarii*, éd. Kroll, 2 vol., Leipzig 1899-1901 ; réimpr. Amsterdam, 1965.

M.-D. RICHARD, *L'Enseignement oral de Platon. Une nouvelle interprétation du platonisme*, Paris, Éd. du Cerf, 1986.

J.-M. RIST, « Monism : Plotinus and some predecessors », *Harvard Studies in Classical Philology*, 70, 1965, p. 329-344.

Chr. RUTTEN, « La doctrine des deux actes dans la philosophie de Plotin », *Revue philosophique*, 81, 1956, p. 100-106.

SIMPLICIUS, *In Physicorum*, éd. H. Diels, dans *Commentaria in Aristotelem Graeca*, vol. 9, Berlin, 1882.

J. SOUILHÉ, *Étude sur le terme ΔΥΝΑΜΙΣ dans les dialogues de Platon*, Paris, Alcan, 1919.

P. THILLET, « Note sur la *Théologie* d'Aristote », dans PORPHYRE, *Vie de Plotin* II, p. 625-637.

Nous n'avons pu tenir compte de l'ouvrage de K. CORRIGAN, *Plotinus' Theory of Matter-evil*, Peeters, 1996.

INDEX GREC

Cet index rassemble un certain nombre de mots grecs employés par Plotin dans le traité 25. Ils ont été choisis surtout dans la mesure où ils sont liés aux thèmes fondamentaux du traité. Les chiffres en gras placés devant les vocables seront utilisés dans l'index général pour permettre au lecteur de retrouver, dans le présent index grec, le mot grec correspondant à tel ou tel concept signalé dans l'index général. Les chiffres entre parenthèses correspondent aux chapitres et aux lignes des chapitres du traité 25. Les astérisques signalent les vocables qui ne sont employés par Plotin que dans ce traité.

1. ἄγειν *au passif,* « être conduit » (3, 29) : 53.
2. ἄγρυπνος*, « sans sommeil » (*Tim.* 52 b) (3, 36) : 55.
3. αἰσθητός (τὸ), l'« être sensible » (1, 6) : 40.
4. αἰών, « éternité » (3, 8) : 50.
5. ἁλίσκεσθαι, « être saisi » (4, 18) : 58.
6. ἀμαθής, « inculte » (2, 19) : 47 ; (2, 21) : 47.
7. ἀμυδρός, « obscur » (5, 21) : 60.
8. ἀναβάλλειν* *au passif,* « être ajourné » (5, 4) : 58.
9. ἀνδριάς, « statue » (1, 12. 20. 23) : 41-43 ; (2, 5. 6. 8, 13. 14. 27) : 45, 46, 48 ; (3, 23) : 53.
10. ἀνδρίζεσθαι, « agir courageusement » (2, 35) : 48.
11. ἀνείδεος, « sans forme » (4, 12) : 57.
12. ἀνεπιστήμων*, « ignorant » (2, 18) : 47.
13. ἀντιτιθέναι *au passif,* « être opposé » (2, 5) : 45.
14. ἀνώλεθρος, « indestructible » (*Tim.* 52 a) (5, 34) : 61.
15. ἁπλῶς, « sans plus », « simplement » (1, 11) : 41 ; (2, 30) : 48.
16. ἀπολαμβάνειν, « recevoir » (3, 24) : 53.
17. ἀπολλύναι, « anéantir » (5, 32) : 61.
18. ἀριθμεῖν, *au passif* « être compté » (4, 13) : 57.
19. ἄριστος, « meilleur » (3, 32) : 55.

20. ἀρχή, « principe » (3, 40) : 55 ; ἐξ ἀρχῆς « dès le principe », en liaison avec l'état originaire de la matière (5, 13.14) : 59.

21. ἄυλος, « immatériel » (3, 18) : 52.

22. γραμματικός, « grammairien » (2, 15. 23. 24) : 46, 47.

23. δύναμις, « puissance », entendue au sens productif ou actif (dont la *forme dative* est δυνάμει [τῇ]), (1, 22. 23. 24. 25. 27. 29) : 43 ; (2, 32. 34) : 48 ; (3, 22. 25. 27) : 53 ; δυνάμει *au datif,* « en puissance », et δυνάμει (τὸ), *forme substantivée de ce datif,* « ce qui est en puissance » ou l'« être en puissance » (1, 1. 3. 6. 8. 10. 11. 12. 17. 19. 20. 21. 22. 26. 28. 30) : 39-44 ; (2, 2. 3. 6. 8. 9. 15. 16. 17. 19. 20. 22. 23. 25. 26. 29. 33) : 44-48 ; (3, 4. 7. 10. 15. 19. 20. 21. 22. 28) : 49-53 ; (4, 1. 2. 4. 6) : 55-56 ; (5, 2. 5. 16. 20. 31. 33. 35) : 58, 60, 62 ; δυνάμει (ἐν), résider « dans l'en puissance », en parlant de la matière (5, 31. 33) : 60-61 ; voir aussi 67, 70, 93, 98.

24. δύνασθαι, « pouvoir » ou « être capable de » (1, 16. 18. 19) : 41-42 ; (2, 34) : 48 ; (5, 12. 16. 22) : 59-60.

25. ἐκρίπτειν* *au passif,* « être rejeté » (5, 11) : 59.

26. ἐνέργεια, « actualité » ou « acte » (1, 2. 4. 5-6. 9. 27. 29) : 39-40, 43 ; (2, 28. 30. 31. 32. 34. 35) : 48 ; (3, 3. 26. 29. 30. 31. 33. 34. 35. 38. 39) : 49, 53-55 ; (5, 32) : 60 ; ἐνεργείᾳ *au datif,* « en acte », et ἐνεργείᾳ (τὸ), *forme substantivée de ce datif,* « ce qui est en acte » ou l'« être en acte » (1, 1. 3. 4. 5. 8. 26. 29. 34) : 39-40, 43-44 ; (2, 2. 4. 6. 7. 9. 10. 16. 17. 18. 27. 29. 33) : 44-48 ; (3, 2. 23. 24. 29. 35. 39) : 49, 53, 55 ; (4, 2. 5. 7) : 55-56 (5, 6. 7. 14. 20. 22. 23. 24. 26. 27) : 59-60 ; voir aussi 71, 72, 73, 94, 97.

27. ἕξις, « disposition » (2, 34) : 48 ; voir aussi 70, 97.

28. ἐξιστάνει, « sortir de », en parlant de sa propre nature (3, 6) : 50.

29. ἐπαγγέλλεσθαι *au passif,* « être une annonce » (5, 4) : 58.

30. ἐπάγειν, « conduire » (2, 32) : 48.

31. ἐπιστήμων, « savant » (2, 18. 19. 20. 22) : 47.

32. ἐπιτήδειος, « approprié à » (2, 22) : 47 ; voir aussi 93.

33. ἐποχεῖσθαι, « être porté par » (5, 10) : 59.

34. ἐφικνεῖσθαι*, « atteindre » (4, 16) : 57.

35. ἴνδαλμα, « image » (4, 17) : 58.

36. κατηγορεῖν *au passif,* « être prédiqué de » (2, 7) : 45.

37. λυμαντικός*, « nuisible » (1, 33) : 44.

38. μέλλειν, « être disposé ou destiné à », « être à venir », « être sur le point de » ou « devoir être » (1, 13. 15. 31) : 41, 44 ; (3, 5. 20) : 50, 52 ; (5, 3) : 58.

39. μένειν, « demeurer » ou « subsister » (1, 18) : 42 ; (2, 4. 14) : 45-46 ; (3, 6) : 50 ; (5, 16) : 59.

40. νοεῖν, « penser » (3, 26) : 53 ; *au passif* « être pensé » (3, 17) : 52.

41. νοητός, « être intelligible » ou « intelligible » (1, 7) : 40 ; (3, 2. 9. 21. 33) : 49, 50, 52, 54.

42. νοῦς, « intelligence » (3, 25. 40) : 53, 55.

INDEX DES TEXTES D'AUTEURS DE L'ANTIQUITÉ, EN DEHORS DE PLOTIN

INDEX DES TEXTES DE PLOTIN

INDEX DES TEXTES DE PLOTIN

INDEX DES AUTEURS MÉDIÉVAUX ET MODERNES

INDEX THÉMATIQUE

INDEX THÉMATIQUE

TABLE DES MATIÈRES

INTRODUCTION

TRADUCTION

TRAITÉ 25

COMMENTAIRE

TRAITÉ 25

achevé d'imprimer sur les presses de :

LAVAUZELLE GRAPHIC

IMPRIMERIE A. BONTEMPS

87350 PANAZOL (FRANCE)

N° D'ÉDITION : 10781

N° Imprimeur : 7126121-97

Dépôt légal : Septembre 1998